Análise de
conjuntura econômica

O selo DIALÓGICA da Editora InterSaberes faz referência às publicações que privilegiam uma linguagem na qual o autor dialoga com o leitor por meio de recursos textuais e visuais, o que torna o conteúdo muito mais dinâmico. São livros que criam um ambiente de interação com o leitor – seu universo cultural, social e de elaboração de conhecimentos –, possibilitando um real processo de interlocução para que a comunicação se efetive.

# Análise de conjuntura econômica

Joaquim Israel Ribas Pereira

**EDITORA intersaberes**

Rua Clara Vendramin, 58 . Mossunguê . CEP 81200-170 . Curitiba . PR . Brasil
Fone: (41) 2106-4170 . www.intersaberes.com . editora@editoraintersaberes.com.br

Conselho editorial
Dr. Ivo José Both (presidente)
Drª Elena Godoy
Dr. Neri dos Santos
Dr. Ulf Gregor Baranow

Editora-chefe
Lindsay Azambuja

Gerente editorial
Ariadne Nunes Wenger

Preparação de originais
Palavra Arteira Edição e Revisão de Textos

Edição de texto
Mille Fogllie Soluções Editoriais
Gustavo Piratello de Castro

Capa
Débora Gipiela (*design*)
Ozz Design e Eightshot_Studio/ Shutterstock (imagens)

Projeto gráfico
Bruno de Oliveira

Diagramação
Renata Silveira

Equipe de design
Débora Gipiela

Iconografia
Sandra Lopis da Silveira
Regina Claudia Cruz Prestes

Dados Internacionais de Catalogação na Publicação (CIP)
(Câmara Brasileira do Livro, SP, Brasil)

| |
|---|
| Pereira, Joaquim Israel Ribas<br>   Análise de conjuntura econômica/Joaquim Israel Ribas Pereira. Curitiba: InterSaberes, 2020. |
|    Bibliografia.<br>   ISBN 978-65-5517-753-4 |
|    1. Economia 2. Macroeconomia 3. Mercado financeiro 4. Relações econômicas internacionais I. Título. |
| 20-40794                                                      CDD-330 |

Índices para catálogo sistemático:
1. Análise de conjuntura: Economia 330

Cibele Maria Dias – Bibliotecária – CRB-8/9427

1ª edição, 2020.
Foi feito o depósito legal.
Informamos que é de inteira responsabilidade do autor a emissão de conceitos.

Nenhuma parte desta publicação poderá ser reproduzida por qualquer meio ou forma sem a prévia autorização da Editora InterSaberes.

A violação dos direitos autorais é crime estabelecido na Lei n. 9.610/1998 e punido pelo art. 184 do Código Penal.

# Sumário

13 *Apresentação*
17 *Como aproveitar ao máximo este livro*

Capítulo 1
21 **Princípios da análise de conjuntura**

(1.1)
23 Introdução à análise de conjuntura

(1.2)
25 Análise de conjuntura e construção de cenários

(1.3)
30 Participação da economia na análise de conjuntura

(1.4)
32 Conhecimentos demandados na análise de conjuntura

Capítulo 2
## 39 Macroeconomia

(2.1)
41 O que é macroeconomia?

(2.2)
47 Principais agregados macroeconômicos

(2.3)
51 Identidades macroeconômicas básicas

(2.4)
57 Sistema de contas nacionais

(2.5)
64 Balanço de pagamentos (BP)

(2.6)
75 Oferta e demanda agregada: parte I

(2.7)
82 Oferta e demanda agregada: parte II

(2.8)
90 Inflação e seus efeitos

Capítulo 3
105 **Economia internacional**

(3.1)
107 Taxa de câmbio

(3.2)
113 Por que o comércio internacional ocorre?

(3.3)
118 Instrumentos de política comercial

(3.4)
128 Comércio de bens, equilíbrio de mercado e balança comercial

(3.5)
133 Capitais estrangeiros no Brasil

(3.6)
140 Paridade de poder de compra

Capítulo 4
153 **Mercado financeiro**

(4.1)
155 Origem e estrutura do mercado financeiro

(4.2)
161 Mercado monetário: títulos públicos federais

(4.3)
167 Mercado de renda fixa

(4.4)
175 Mercado acionário

(4.5)
178 Mercado secundário de ações

(4.6)
180 Análise técnica

Capítulo 5
193 **Análise de dados econômicos**

(5.1)
195 Estatística descritiva básica

(5.2)
201 Distribuição normal

(5.3)
205 Introdução a econometria

(5.4)
214 Bases de dados

(5.5)
220 *Softwares* de análise de dados

Capítulo 6
231 **Montagem da análise de conjuntura**

(6.1)
233 Introdução à montagem de uma análise de conjuntura

(6.2)
237 Análise dos riscos

(6.3)
240 Risco político

(6.4)
243 Relatório Focus

(6.5)
250 Exemplo prático de relatório de conjuntura

271 *Referências*
283 *Respostas*
297 *Sobre o autor*

Alguns dizem que os maiores arrependimentos que alguém pode ter na vida referem-se àquilo que não se fez. Com esse livro não quis cometer um desses erros, entregar uma obra importante da minha carreira acadêmica sem uma seção de agradecimentos.

Em oportunidades anteriores, como em minha tese de doutorado, passei diretamente da capa para o sumário sem escrever uma página de gratidão, não que não houvesse esse sentimento em mim. Meu objetivo era poupar aqueles com quem tenho laços pessoais da enfadonha tarefa de ler uma tese acadêmica.

Nesta obra, porém, em razão das várias colaborações que recebi, seria um grande equívoco não prestar os devidos agradecimentos.

Talvez esta seja também uma oportunidade para me recuperar parcialmente das ocasiões anteriores em que não expressei minha gratidão.

Dirijo, então, meus agradecimentos aos professores Dra. Caroline Cordeiro Viana e Silva e Dr. Lucas Massimo Tonial Antunes de Souza, pelo convite e pela confiança na elaboração deste material.

Agradeço também a Sra. Jassany Gonçalves pelos diversos apontamentos feitos durante a produção do texto e que, sem dúvida, colaboraram para elevar a qualidade deste livro. Reconheço ainda a colaboração de diversos funcionários da Editora InterSaberes que de alguma forma contribuíram para a produção deste livro, em especial a Sra. Daniela Viroli Pereira Pinto. Agradeço pela minha formação acadêmica os professores Dr. Maurício Vaz Lobo Bitttencourt e Dr. Alexandre Alves Porsse, orientador e coorientador da minha tese, respectivamente.

À minha namorada, Eloisa Neves Morona, agradeço de maneira especial por todo o suporte durante a produção deste livro, destacando os momentos em que aceitou ler as primeiras versões e fazer apontamentos sobre elas, mesmo não sendo da área, e pelas longas horas que me escutou falando sobre o assunto.

Por fim, aos meus pais, Amando Pedro Ribas Pereira e Filomena Staidel Pereira, meu eterno agradecimento por todo o apoio.

# Apresentação

Por que colocamos à disposição do público um livro sobre conjuntura econômica? Vejamos como responder a esse questionamento. Esta obra é dedicada ao leitor interessado em se aprofundar no estudo da conjuntura econômica, mas principalmente se destina a atender à demanda de formação de profissionais capazes de compreender as informações e formar opiniões diante das notícias econômicas veiculadas diariamente no mercado. Em um cenário em que a mídia proporciona vasta informação acerca de medidas adotadas pelo governo e em que os órgãos oficiais especializados produzem cada vez mais dados estatísticos, o profissional pode encontrar dificuldade em filtrar, interpretar, analisar de forma crítica esses dados e compreender o contexto econômico geral. Desse modo, faz-se necessário um material que o norteie no sentido de efetuar a leitura dos dados e interpretar as estatísticas econômicas, com o fito de alcançar o entendimento da conjuntura econômica.

Sob a enxurrada de informações à qual as pessoas são diariamente submetidas, diversas questões são levantadas diante do cenário econômico apresentado: Um aumento na taxa de câmbio é um bom ou mau sinal para os negócios? Qual é a tendência observada? Quem está sendo prejudicado e quem está sendo beneficiado? As respostas para essas perguntas, como acontece diversas vezes na economia, é "depende". Como demonstraremos ao longo deste material, as respostas somente ficam claras após uma série de avaliações, as quais envolvem, por exemplo, questionamentos como: A empresa depende das vendas para o exterior ou é um importador de insumos? Como o gráfico da cotação do câmbio está se comportando? Qual é o efeito desse aumento sobre o consumidor? Esse é um exemplo simples de que há um longo caminho para compreender as especificidades da realidade econômica.

Portanto, o objetivo central desta obra é contribuir com a construção, por assim dizer, de uma forma de analisar a economia, fornecendo todos os meios para isso. Espera-se que, ao final da leitura, você, leitor, tenha capacidade não somente de conhecer o conceito econômico, mas também saber por onde começar a buscar os dados, utilizar indicadores e métodos para analisá-los e aprender um passo a passo de como apresentá-los.

Esta obra foi planejada para estudantes de diversas áreas correlatas às ciências econômicas e que necessitam de uma literatura que articule teoria e prática. O livro foi dividido em seis capítulos, os quais estão organizados nesta sequência: "Princípios da análise de conjuntura", "Macroeconomia", "Economia internacional", "Mercado financeiro", "Análise de dados econômicos" e "Montagem da análise de conjuntura"; em cada um, há questões para revisão e reflexão.

No Capítulo 1, definimos análise de conjuntura e citamos suas fases metodológicas. Também discorremos brevemente sobre a análise de cenários, um método complementar e que oferece informações para os tomadores de decisões sobre possibilidades futuras. Discutimos, ainda, o papel da economia nesses tipos de análises, mostrando quais são as premissas dessa ciência.

No Capítulo 2, conceituamos macroeconomia e apresentamos os principais agregados macroeconômicos, bem como as identidades básicas, como produto, renda e despesa. Na sequência, tratamos sobre a contabilidade nacional e o balanço de pagamentos. Comentamos, ainda, o modelo de oferta e demanda agregada, que, por sua relevância, é dividido em duas partes. Por fim, versamos sobre inflação e seus efeitos sobre o emprego.

Discutimos no Capítulo 3 questões sobre comércio internacional, taxa de câmbio e instrumentos de política comercial (tarifas, subsídios, outras barreiras). Explicitamos como diferentes instrumentos impactam no bem-estar e apontamos os agentes que tendem a ser prejudicados e os que tendem a ser beneficiados. Por fim, explicamos o conceito de paridade de poder de compra (PPC) e como utilizá-lo para mensurar a taxa de câmbio de longo prazo.

No Capítulo 4, tratamos sobre o mercado financeiro, a estrutura do sistema financeiro nacional (SFN) e seus principais produtos. Esses temas são sempre destaque quando o assunto é economia. Ao final do capítulo tivemos a preocupação de explicitar como analisar a tendência das ações na bolsa de valores.

Dedicamos o Capítulo 5 a questões referentes à análise de dados. Além de revisar os principais conceitos referentes ao assunto – média, mediana, desvio-padrão. Também comentamos o método clássico que os economistas utilizam para medir a correlação entre as variáveis: a econometria. Citamos, ainda, as principais bases de dados utilizadas, bem como os principais *softwares* de análise.

Por fim, no Capítulo 6, retomamos o objetivo de construir uma análise de conjuntura, apresentando um passo a passo de como montá-la. Discutimos também os riscos a que uma empresa está sujeita e que devem ser levados em consideração na análise. Fazemos breves considerações a respeito do risco político, mostrando um índice que sintetiza o risco político de um país. Na última seção, apresentamos um exemplo simples de como é construída uma análise de conjuntura.

Desejamos a você uma ótima leitura e esperamos realmente que este livro contribua para sua capacidade de analisar a conjuntura sob a ótica econômica.

# Como aproveitar ao máximo este livro

Empregamos nesta obra recursos que visam enriquecer seu aprendizado, facilitar a compreensão dos conteúdos e tornar a leitura mais dinâmica. Conheça a seguir cada uma dessas ferramentas e saiba como elas estão distribuídas no decorrer deste livro para bem aproveitá-las.

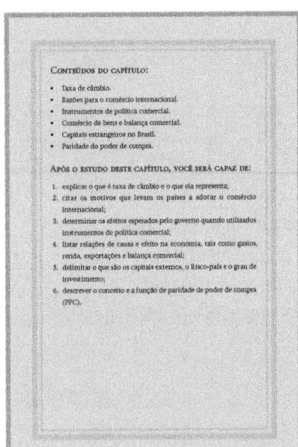

*Conteúdos do capítulo*

Logo na abertura do capítulo, relacionamos os conteúdos que nele serão abordados.

*Após o estudo deste capítulo, você será capaz de:*

Antes de iniciarmos nossa abordagem, listamos as habilidades trabalhadas no capítulo e os conhecimentos que você assimilará no decorrer do texto.

## Síntese

Ao final de cada capítulo, relacionamos as principais informações nele abordadas a fim de que você avalie as conclusões a que chegou, confirmando-as ou redefinindo-as.

## Para saber mais

Sugerimos a leitura de diferentes conteúdos digitais e impressos para que você aprofunde sua aprendizagem e siga buscando conhecimento.

## Questões para revisão

Ao realizar estas atividades, você poderá rever os principais conceitos analisados. Ao final do livro, disponibilizamos as respostas às questões para a verificação de sua aprendizagem.

## Questões para reflexão

Ao propor estas questões, pretendemos estimular sua reflexão crítica sobre temas que ampliam a discussão dos conteúdos tratados no capítulo, contemplando ideias e experiências que podem ser compartilhadas com seus pares.

## Preste atenção!

Apresentamos informações complementares a respeito do assunto que está sendo tratado.

## Consultando a legislação

Listamos e comentamos nesta seção os documentos legais que fundamentam a área de conhecimento, o campo profissional ou os temas tratados no capítulo para você consultar a legislação e se atualizar.

*Joaquim Israel Ribas Pereira*

( 19 )

Capítulo 1
Princípios da análise
de conjuntura

## Conteúdos do capítulo:

- Análise de conjuntura.
- Análise de cenários.
- Conexão entre análises.
- O papel da economia na análise de conjuntura.

## Após o estudo deste capítulo, você será capaz de:

1. definir análise de conjuntura;
2. explicar o papel da análise para o tomador de decisão;
3. conceituar análise de cenários;
4. detalhar como as análises de cenários e de conjuntura se complementam;
5. especificar o papel que a ciência econômica desempenha nessas análises.

## (1.1)
## INTRODUÇÃO À ANÁLISE DE CONJUNTURA

De maneira simplificada, é possível afirmar que todas as ciências sociais, como a política, a sociologia, a economia, a filosofia, a história, o direito e a psicologia, têm o objetivo de, diretamente ou indiretamente, interpretar os eventos sociais. Essas ciências evoluíram na construção de teorias e de métodos empíricos, na tentativa de interpretar a realidade, deixando o simples relato de um evento e buscando sua explicação.

Sabendo que toda ciência social guarda em sua essência o intuito de interpretar a realidade, o que seria, então, a análise de conjuntura? Para essa definição, seria equivocado usar os termos *método*, *instrumento* ou *teoria*; melhor seria adotar a palavra *conjunto*, pois a análise de conjuntura abrange diversas ferramentas científicas que visam à análise dos eventos, bem como a compreensão das interações entre os atores (famílias, governo, empresas e setor externo). Portanto, a análise de conjuntura é o conjunto de conhecimentos científicos empregados na interpretação de certa situação ou evento.

Todavia, o caráter analítico só é atingido quando as inferências teóricas e dos dados são esquematizadas e apresentadas em certa forma. Tomando como objeto de análise um evento A, apontar sua origem e uma provável consequência não é suficiente para se afirmar que se faz uma análise de conjuntura. Metodologicamente, a análise necessita passar por três fases:

1. Descrição dos atores e das variáveis.
2. Interpretação e análise da situação.
3. Síntese das inferências encontradas.

A fase da síntese, em que são obtidas as conclusões, é um dos elementos que caracterizam uma análise de conjuntura; sem ela, estariam se fazendo apenas divagações que de nada servem para o tomador de decisão. Assim sendo, há outra característica importante na análise de conjuntura, o tempo. Deve estar claro que os contextos são dinâmicos em virtude dos novos eventos, bem como são possíveis novas relações de causa e efeito. Uma análise de conjuntura de períodos anteriores é interessante sob o ponto de vista histórico e de revisão metodológica, mas pouco proveitosa para o tomador de decisão no presente. Como bem destaca Oliveira (2014, p. 28):

> *Se a conjuntura é a análise do comportamento dos atores num dado espaço temporal, as ações, as preferências e as possíveis consequências dos atores devem ser narradas. Na narração, suposições causais são apresentadas. Portanto, na Análise de Conjuntura, o intervalo temporal requer caracterização.*

Tendo esclarecido o que é uma análise de conjuntura, é provável que você, leitor, tenha outra dúvida em mente: Qual a importância desse tipo de análise? Para clarificar isso, é válido analisarmos um exemplo. Imagine a seguinte pergunta: Qual é a situação da política externa brasileira hoje e quais são os prognósticos possíveis? Na sequência, surgiriam questões como: Quais são os principais parceiros comerciais do Brasil? Quais serão os movimentos futuros do país? Qual é o peso das decisões de instituições internacionais para o mercado brasileiro?

As respostas às perguntas apresentadas correspondem ao exercício de identificar, interpretar e prognosticar o comportamento dos atores e das variáveis nos diversos tipos de relações (econômico, político e normativo).

A eficiência da análise de conjuntura tende a ser um reflexo da capacidade de interpretação da realidade por meio das variáveis selecionadas e, principalmente, do pesquisador. Para tanto, diversas vezes o pesquisador precisa utilizar uma ampla gama de conhecimento e métodos.

A análise de conjuntura também pressupõe a formulação de tendências das variáveis, tais como: qual será o crescimento do emprego formal no país ou qual será a oferta de novas tecnologias para a empresa. Essas formulações de tendências, quando há a criação de diversas possibilidades, são usualmente chamadas de *análise de cenários*.

Explicaremos adiante como essas duas análises se conectam.

## (1.2)
## ANÁLISE DE CONJUNTURA E CONSTRUÇÃO DE CENÁRIOS

Como definir análise de cenários? Autores como Mietzner e Reger (2005), Wright e Spers (2006) e Morais et al. (2015) apontam como elemento comum na construção de cenário a ideia de essa análise se tratar de um estudo de possíveis eventos futuros, independentemente da área de conhecimento. É, portanto, um esforço em criar descrições plausíveis e consistentes de situações futuras, preparando o gestor de uma companhia ou um governo para a tomada de decisões.

Com relação à área de conhecimento, este livro se debruça sobre os aspectos econômicos, ou seja, nosso objetivo é explicar a variável econômica, o comportamento no passado e a atual situação dessa variável, bem como traçar a tendência dela no futuro.

Usualmente, aqueles que começam no estudo de cenários se restringem ao mais provável, isto é, à situação que a maioria dos analistas e os dados da realidade indicam como o futuro provável. Todavia, diferentes cenários podem ser obtidos ante especulações sobre diferentes alternativas no futuro, explorando impactos e implicações de decisões, escolhas, estratégias, e provendo vislumbres para distintas situações de causa e efeito.

Como bem defendem Wright e Spers (2006), o planejamento por cenários colabora para que dois erros comuns sejam amenizados: subestimar ou superestimar o ritmo e o impacto de mudanças. Haverá sempre uma propensão entre os indivíduos e as empresas de subestimar ou superestimar a tendência de alguma variável. Em economia, isso é rotineiramente visualizado em análises de inflação, taxa de câmbio e, talvez mais comumente, no mercado financeiro.

Verifica-se certa tendência natural do ser humano de acreditar que o padrão histórico de dada variável se repetirá no futuro – isso, em essência, não está errado. Por exemplo, perceber que a cotação do ouro na bolsa de valores quase sempre oscila positivamente em situações de instabilidade econômica é algo positivo para um gestor financeiro. Todavia, padrões de alta em alguns ativos financeiros, como em algumas criptomoedas[1], fizeram diversos investidores amadores perderem muito dinheiro quando houve uma reversão de tendência.

As principais características de análise de cenários, segundo Mietzner e Reger (2005), são:

---

1 Moedas que são trocadas por meio digital. A segurança dessas moedas é baseada em criptografia; por isso esse nome.

- apresentar situações alternativas além da extrapolação do presente;
- adotar perspectivas qualitativas, bem como utilizar dados quantitativos;
- questionar os tomadores de decisões sobre suas suposições;
- criar uma organização de aprendizagem que permita uma comunicação de situações complexas.

Utilizando a análise de cenários, quais são os benefícios esperados? Podemos destacar aqui a antecipação de futuras oportunidades e ameaças, o desenvolvimento do pensamento estratégico, a contestação do provável futuro, o fornecimento ao tomador de decisão de novas opções de direcionamento e, por fim, a criação de mecanismos internos de compartilhamento de informações e diálogos sobre o futuro.

Com relação às metodologias, há inúmeras que podem ser aplicadas, sendo um esforço improdutivo apontar qual delas é a melhor. Visando uma introdução ao tema, o Quadro 1.1 apresenta algumas dessas metodologias.

Quadro 1.1 – Metodologias para análise de cenários

| Método / desenvolvedor | Características principais |
|---|---|
| Programa Estudos do Futuro (Profuturo) / Wright e Spers, FEA – USP (Faculdade de Economia, Administração, Contabilidade e Atuária da Universidade de São Paulo) | Metodologia dividida em sete etapas: (1) definição do escopo; (2) identificação das variáveis; (3) estruturação das variáveis; (4) projeção dos estados futuros das variáveis e sua probabilidade de ocorrência; (5) definição de temas distintos para cada cenário; (6) montagem de uma matriz morfológica para cada cenário; (7) redação e validação dos cenários. |

*(continua)*

*(Quadro 1.1 – conclusão)*

| Método / desenvolvedor | Características principais |
|---|---|
| Cenários de primeira e segunda geração / Escola Shell – SRI (Stanford Research Institute) | Os cenários de primeira geração são usualmente exploratórios e orientados para o entendimento. Os cenários de segunda geração baseiam-se em uma análise mais sólida da realidade, alteram premissas e suposições. |
| Cenários de tendência otimista, pessimista e contrastante / H. Kahn e Estudos dos Futuros Humano e Social | Cenários de tendências descrevem o prolongamento da situação presente. Cenários utópicos mostram situações ideais, mas não atingíveis. Cenários catastróficos descrevem o pior dos mundos possíveis. Cenários normativos apontam uma situação desejável e atingível, melhor do que o cenário tendencial. Cenários contrastantes apresentam diferentes situações para suposições de determinadas variáveis, usualmente considerando se as surpresas acontecessem. |
| Trend Impact Analysis (TIA) / Theodore Gordon, final dos anos 1970 | Desenvolve cenários com a combinação de extrapolações estatísticas e probabilidades. É uma metodologia bem formalizada. Todavia, necessita que a variável tenha uma base de dados histórica. Diante disso, o pesquisador que irá utilizá-la necessita de conhecimentos mais profundos de estatística. |
| Cross-Impact Analysis / Theodore Gordon e Olaf Helmer em 1966 | Esse método se propõe a responder como eventos futuros estão relacionados. Por essa razão, é chamado de *cross-impact*. Exemplo: se algo acontece, o evento X aumenta a probabilidade de ocorrência em 10%, ao passo que o evento Y decai em 15%. |

Fonte: Elaborado com base em Masini; Vasquez, 2000, p. 55; Mietzner; Reger, 2005, p. 227.

Uma vez que compreendeu o que é a análise de cenários, você pode estar se questionando: Como ela se conecta com a análise de conjuntura? Considerando que a análise de cenários envolve descrições plausíveis do futuro, é essencial ter como base uma boa descrição do passado e do presente. Entender a dinâmica da sociedade até o momento da análise permite fundamentar com correção predições futuras. A análise de conjuntura, por sua vez, tem o papel de realizar essa descrição do passado e do presente, identificando as variáveis importantes e as atuais condições. Portanto, a análise de conjuntura e a de cenários fazem parte de uma sequência temporal (Figura 1.1).

Figura 1.1 – Visão esquemática das análises de conjuntura e cenários

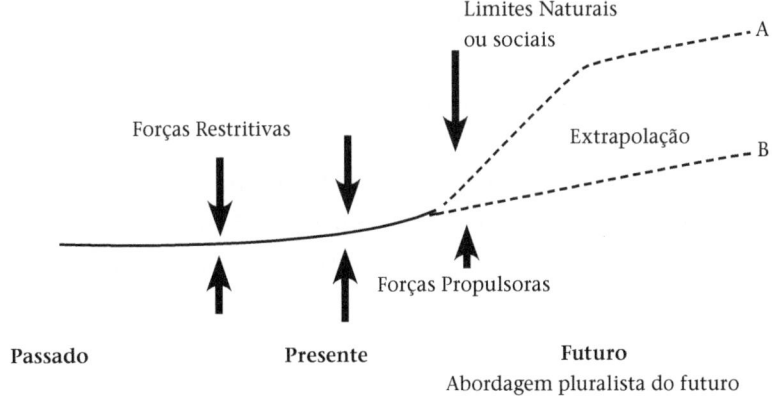

Fonte: Wright; Silva; Spers, 2010, p. 62.

Na sequência, situaremos o conteúdo deste livro e a ciência econômica no interior da análise de conjuntura.

# (1.3)
# PARTICIPAÇÃO DA ECONOMIA NA ANÁLISE DE CONJUNTURA

Nesta seção, versaremos sobre a ciência econômica e comentaremos como ela se relaciona com outras áreas do conhecimento. O marco inaugural da teoria econômica, como assinalam Gremaud et al. (2011), coincidiu com os grandes avanços das ciências físicas e biológicas nos séculos XVIII e XIX. Apesar de ensaios sobre economia já serem encontrados em escritos dos antigos gregos e em textos da Idade Média, a obra *A riqueza das nações* (Smith, 1985), do escocês Adam Smith, escrita em 1776, é considerado o trabalho pioneiro da área.

E qual seria o objeto de estudo da economia? Essa ciência examina os fenômenos sociais que envolvem produção, distribuição e consumo de bens e serviços que satisfazem as necessidades humanas. Todavia, essa definição faz emergir um questionamento: Se todos esses fenômenos estão presentes na civilização humana há tanto tempo, por que a ciência demorou tanto para se desenvolver? A resposta é simples: o sistema de produção capitalista produziu um crescimento no mercado de trocas, com predominância de uma lógica de mercado marcada pela impessoalidade. Esse desenvolvimento do mercado de trocas estimulou o nascimento de uma ciência voltada para explicar esse comportamento humano em um novo ambiente.

E quais seriam os princípios da ciência econômica? Segundo Mankiw (2009), há quatro princípios fundamentais de tomadas de decisões individuais:

1. **As pessoas enfrentam *trade-offs*** – *Trade-off* define uma situação de escolha conflitante, que acontece quando, para escolher algo, é preciso abrir mão de outra coisa. Está diretamente relacionada com o princípio fundamental da economia: a escassez, que diz respeito

ao fato de a sociedade e os indivíduos terem recursos limitados. Um exemplo simples de *trade-off* é a escolha entre gastar e poupar.

2. **A tomada de decisão implica um custo de oportunidade** – A tomada de decisão exige comparar os custos e benefícios de possibilidades alternativas. Diante disso, a economia lida com um conceito que vai além do custo contábil, o custo de oportunidade. Este é definido como aquilo de que um ator precisa abdicar para obter um bem. Como exemplo, considere que, quando você decide cursar uma faculdade, o tempo que você poderia dedicar ao trabalho é o seu custo de oportunidade.

3. **As decisões são marginais** – Quando as decisões não são qualitativas, e sim quantitativas, elas envolvem um *trade-off* na margem, isto é, a quantidade decidida sofre pequenas variações na quantidade final empregada. Por exemplo, a quantidade consumida de horas de estudo é uma decisão na margem quando você estuda por 3 horas, depois avalia se continua por mais 1 hora; ao fim, você decide se para ou se segue estudando por mais 30 minutos.

4. **Os atores reagem a incentivos** – As pessoas tomam as decisões por meio da comparação entre custos e benefícios, e podem mudar seu comportamento quando esses custos e benefícios se alteram. Quando um governo aumenta o imposto sobre refrigerantes, por exemplo, isso tende a afetar o consumo final do produto.

As demais ciências, principalmente as sociais, observam comportamentos parecidos, todavia analisando-os sob uma lógica formal própria, ou seja, partindo de premissas específicas para explicar o comportamento humano. Como alertam Gremaud et al. (2011), as ciências sociais não devem ser vistas como isoladas ou autônomas. Apesar de utilizarem métodos e teorias particulares, todas elas são interligadas, fornecendo diferentes óticas da realidade.

É razoável traçar paralelos de análise entre economia e política por meio das análises do exercício do poder e o domínio sobre a coisa econômica. Outra relação possível é entre economia e história, no levantamento e interpretação de informações e registros históricos. Isso também se aplica a análises que abarcam conhecimentos de sociologia, geografia, psicologia, matemática e estatística.

Em suma, todas as ciências fornecem interpretações da realidade e complementam a análise de conjuntura. Nesta obra, versaremos sobre a contribuição da economia nessa tarefa.

**Para saber mais**

Para entender um pouco mais do pensamento econômico, acompanhe, no documentário indicado a seguir, uma breve revisão sobre a evolução da ciência econômica:

AN ECONOMIC History of the World since 1400. Disponível em: <https://www.youtube.com/watch?v=m7GESv6Zahg>. Acesso em: 24 jul. 2020.

(1.4)
## Conhecimentos demandados na análise de conjuntura

Assim como o princípio da escassez é fator subjacente nas escolhas individuais, a construção deste livro também passou por uma situação de *trade-off*, derivada principalmente de uma pergunta essencial: Quais são os conhecimentos necessários para fazer uma análise de conjuntura sob a ótica econômica? Diante dessa pergunta, a escolha dos temas dos capítulos e a seleção dos conhecimentos a serem aqui apresentados foram feitas com base naquilo que é essencial para a análise.

Há diversos ramos na ciência econômica e só a descrição dos principais, com seus pressupostos e construções teóricas, já renderia um livro[2]. Todavia, para responder à questão citada, além das teorias necessárias para a interpretação, teremos de explicar alguns métodos e detalhar como obter os dados principais.

Diante da proposta, decidimos seguir um fluxo circular que passa por teoria, método, interpretação e síntese. O livro inicia com o entendimento do que é análise de conjuntura, bem como a análise de cenários, um método que para diversos autores é complementar. Em seguida, nos Capítulos 2 e 3, tratamos dos fundamentos teóricos mais importantes da economia, o da macroeconomia e o da economia internacional, que estudam, respectivamente, os agregados macroeconômicos (renda, produto, investimento e poupança) e as condições de equilíbrio do comércio externo (importações e exportações).

Na sequência, no Capítulo 4, além de tratarmos do mercado financeiro e de seus produtos mais conhecidos, apontamos alguns instrumentos para análise do comportamento de mercado. A opção de inserir um capítulo de mercado financeiro se justifica, pois este é o ambiente em que preços, indicadores e comportamento dos agentes são dinâmicos e constantemente analisados. Diante disso, entender esse mercado e seus métodos é de extrema valia.

Para construir e fortalecer seus conhecimentos sobre métodos na economia, no Capítulo 5, fornecemos conhecimentos de estatística fundamentais, bem como o método mais utilizado na economia,

---

[2] Caso você, leitor, deseje conhecer as divisões da economia, recomendamos começar pela classificação JEL – *Journal of Economic Literature* (AEA, 2020). Essa classificação contém breves explicações sobre cada ramo da ciência econômica.

a econometria clássica. Enriquecemos o capítulo com uma lista das principais bases de dados e principais *softwares* de análise de dados. Talvez essa seja uma das principais contribuições deste livro, mostrar esse universo de dados e de ferramentas de análise.

Por fim, no último capítulo, retornamos para a análise de conjuntura, apresentando um passo a passo da sua montagem. Ali será possível interpretar as variáveis comentadas ao longo do livro e sintetizá-las na forma de análise.

Figura 1.2 – Fluxo dos conhecimentos abordados no livro

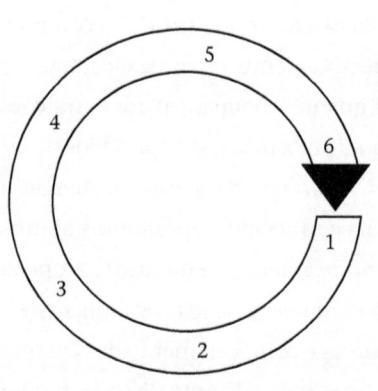

1. Conhecendo a análise de conjuntura.
2. Aprendendo macroeconomia.
3. Conhecendo a economia internacional e as condições de equilíbrio do comércio.
4. Aprendendo sobre mercado financeiro e o comportamento dos agentes.
5. Conhecendo a econometria, dados econômicos e *softwares*.
6. Montando uma análise de conjuntura.

Apesar de os capítulos serem independentes, podendo ser lidos na sequência que o leitor quiser adotar, este livro foi pensado para seguir um fluxo de estudo, iniciando pelo entendimento do objetivo, seguindo com o desenvolvimento do conhecimento e finalizando com a síntese da análise.

## Síntese

Neste capítulo, explicitamos o que é uma análise de conjuntura e explicamos que ela, em resumo, é definida como uma conjunção de teorias e métodos que visam a uma interpretação da realidade. Além disso, vimos que a análise precisa passar por três fases: 1) descrição dos atores e variáveis; 2) interpretação; 3) síntese. Demonstramos como essa análise se completa com a análise de cenários; esta última compreendida como a criação de possíveis cenários futuros. Citamos diferentes metodologias de criação de cenários – Primeira e Segunda Geração, TIA e *Cross-Impact Analysis* – e tratamos de sua relevância para os gestores e tomadores de decisões. Por fim, evidenciamos o papel da ciência econômica na análise de conjuntura e mostramos como essa ciência complementa as demais ciências, entre elas a política, as relações internacionais e o direito.

## Questões para revisão

1. Os anos de 2015 e 2016 foram desafiadores para a economia brasileira, pois muitos estados apresentaram *deficit* e alguns analistas de finanças públicas acreditam que esses governos não serão capazes de manter a máquina pública. Em alguns lugares, falta dinheiro para hospitais, pagamento de salários e segurança pública.
Qual é o problema fundamental da economia?
   a) A redução da pobreza.
   b) O controle da qualidade da saúde e segurança.
   c) A escassez de recursos.
   d) O controle de taxas e impostos para aumentar a arrecadação do governo.
   e) A estrutura de mercado da economia.

2. Como é denominado o processo que utiliza eventos passados como base de dados para fazer prognósticos ou tendências futuras?
   a) Análise de certeza.
   b) Análise de risco.
   c) Análise de incerteza.
   d) Análise de turbulência.
   e) Análise de cenários.

3. A análise de conjuntura pode ser definida como uma busca pelo entendimento da realidade. Para ser considerada uma análise de conjuntura válida metodologicamente, ela precisa seguir algumas etapas. Assinale a alternativa que apresenta as etapas em ordem correta.
   a) Interpretação da realidade e extrapolação do futuro.
   b) Descrição das variáveis e extrapolação do comportamento dessas variáveis.
   c) Descrição dos atores e das variáveis, interpretação e análise da situação e síntese das inferências.
   d) Descrição dos atores e variáveis, interpretação do comportamento dos atores e extrapolação dos futuros possíveis.
   e) Descrição dos atores e variáveis econômicas e interpretação das variáveis.

4. Prado (2019, p. 28) destaca as palavras de Silva (1988), que apresenta "a Análise de Conjuntura como um processo de descoberta da realidade. De acordo com o autor [...], em tal procedimento levantam-se determinados acontecimentos ou quadros específicos que influenciam a momentaneidade de um

dado ambiente social". Sabemos que o ambiente social é algo complexo, sendo assim, explique o papel da ciência econômica na análise de conjuntura.

5. Leia o texto a seguir:

*Lançada em novembro de 1947, a Revista Conjuntura Econômica já está há mais de meio século no mercado editorial. Acompanhando as mudanças e principais transformações que ocorreram no Brasil nesse longo período, a publicação é editada pelo Instituto Brasileiro de Economia da Fundação Getulio Vargas (IBRE/FGV), e se consolidou como a mais tradicional revista de economia do país.*

*A Conjuntura Econômica leva ao leitor artigos e reportagens sobre macroeconomia, finanças, management e seguros, além de uma abrangente seção de estatísticas e índices de preços.* (FGV/Ibre, 2020)

Explique o que é ciência econômica e quais são seus objetivos de análise; se possível, explique os diferentes ramos.

## Questões para reflexão

1. Há uma forte relação entre ciência política e ciência econômica. Diversos processos de decisão e de ação dos atores são explicados por processos de poder e de influências econômicas. Reflita: As decisões diárias são tomadas racionalmente ou são consequências de desejos político-econômicos?

   As conclusões às quais você chegar podem indicar o quanto da análise de conjuntura feita é consequência de opiniões preestabelecidas.

2. Se uma empresa estudou o mercado e mesmo assim continuou apresentando falhas em suas decisões, qual é provavelmente o problema que está ocorrendo?

Capítulo 2
# Macroeconomia

## Conteúdos do capítulo:

- Macroeconomia.
- Principais agregados macroeconômicos.
- Identidades macroeconômicas básicas.
- Sistemas de contas nacionais.
- Balanço de pagamentos.
- Oferta e demanda agregada.
- Inflação e seus efeitos.

## Após o estudo deste capítulo, você será capaz de:

1. descrever o que é macroeconomia e o respectivo objeto de estudo;
2. identificar as principais variáveis macroeconômicas;
3. definir renda, consumo, poupança e investimento;
4. delimitar os principais conceitos da contabilidade nacional;
5. explicar a identidade de renda, produto e despesa;
6. explicar o que é Produto Interno Bruto e Produto Nacional Bruto;
7. detalhar a estrutura do balanço de pagamentos;
8. identificar o modelo de oferta e demanda agregada;
9. definir inflação e citar as origens dela;
10. relacionar emprego e inflação.

# (2.1)
# O QUE É MACROECONOMIA?

É muito provável que você já tenha deliberado a respeito das perspectivas da economia para o próximo ano, acerca do aumento do desemprego, ou sobre o dólar apreciar ou depreciar até o final do ano. Além disso, pode ter lido, também, algo sobre a taxa Selic (Sistema Especial de Liquidação e Custódia), inflação etc.

De maneira geral, essas são questões da macroeconomia e, como vemos no dia a dia jornalístico, são assuntos que frequentemente induzem aos melhores debates e despertam o interesse da população.

Antes de tratarmos dos assuntos a ela correlatos, precisamos definir o que é macroeconomia. Em síntese, a macroeconomia é o estudo do agregado econômico, de modo que não foca somente em alguns ramos de atividade, setores ou regiões.

Dornbusch, Fischer e Startz (2011) assinalam que:

*A macroeconomia está preocupada com o comportamento da economia como um todo – com expansões e recessões, produção total de bens e serviços, crescimento da produção, taxas de inflação e de desemprego, balanço de pagamentos e taxas de câmbio. A macroeconomia lida tanto com o crescimento econômico no longo prazo quanto com as flutuações no curto prazo que constituem o ciclo econômico.*

A macroeconomia é constituída de um apanhado de hipóteses que tentam simplificar o mundo e torná-lo mais fácil de ser entendido. Aqui vale fazermos uma analogia: uma maquete de arquitetura é uma representação simplificada de um prédio ou uma casa; apesar desse realismo diminuto, ela ajuda a visualizar como ficará o projeto.

A macroeconomia funciona da mesma maneira, pois, por meio de equações e diagramas, é possível entender como os agentes reagem às flutuações no crescimento da economia, à produção total de bens e serviços, às taxas de inflação e desemprego, entre outros fatores.

Bacha e Lima (2006), alinhando-se a uma simplificação teórica, apontam que a ciência econômica enquadrou os indivíduos e as instituições em quatro agentes econômicos:

1. **Indivíduos** – São os proprietários dos fatores de produção (terra, trabalho e capital), os quais são negociados com as empresas, o governo e o setor externo.
2. **Empresas** – Produzem bens e serviços que são vendidos aos indivíduos, ao setor externo e ao governo.
3. **Governo** – Fornece serviços aos indivíduos, ao setor externo e às empresas.
4. **Setor externo** – Promove a oferta e a demanda de serviços e produtos de indivíduos, empresas e governo.

Assim classificados, esses agentes econômicos se relacionam em diferentes mercados[1].

Stiglitz e Walsh (2003) apresentam três mercados principais nos quais os agentes se relacionam:

1. **Mercado de produtos** – Ambiente em que as empresas vendem os bens que produzem;
2. **Mercado de trabalho** – Contexto em que os indivíduos vendem para empresas a mão de obra;
3. **Mercado de capitais** – Ambiente em que os fundos financeiros são comprados e vendidos.

---

1   Neste caso, a palavra mercado não foi empregada para fazer referência a um espaço físico, mas sim a um ambiente teórico, no qual esses agentes estabelecem suas relações.

Outro ponto essencial é que, apesar de termos repetido algumas vezes a palavra *indivíduo*, o estudo da macroeconomia extrapola a análise do comportamento individual, estudado pelo ramo da ciência econômica chamada de *microeconomia*. A macroeconomia observa o mercado como um todo, analisando como o conjunto de indivíduos e empresas interagem entre si, como nações interferem umas nas outras, ou como o mercado de ativos influencia a inflação. Portanto, estamos fazendo referência ao comportamento médio ou agregado.

Retomando os objetivos desta obra, nossas metas neste capítulo são:

- discorrer sobre as origens e as definições da macroeconomia
- observar as tendências de longo prazo e as flutuações de curto prazo no crescimento econômico, emprego, *deficit* público, dívida externa, entre outros agregados;
- compreender a importância das variáveis;
- identificar os mecanismos utilizados pelo governo para promover os ajustes necessários na economia.

Com relação ao primeiro ponto, assim como ocorre em outras ciências, há ensaios sobre economia escritos por gregos do século IV a.c., como em *A Política*, de Aristóteles (Heilbroner, 1996). No entanto, a ciência econômica somente foi formalizada com a obra de Adam Smith, *A riqueza das nações*, de 1776. Nesse texto, o escocês buscou explicar a diferença de desempenho econômico entre os países (Heilbroner, 1996). Todavia, diversos autores consideram o marco inaugural da macroeconomia como um ramo isolado nessa ciência, o texto *Teoria geral do emprego, do juro e da moeda*, de John Maynard Keynes, publicado em 1936 (Keynes, 1996). Naturalmente, poderíamos perguntar: O que esse texto mudou para ter iniciado um novo ramo?

O texto foi publicado em 1936, em um período em que a economia mundial passava por sérios problemas, impulsionados pelo *crash* da Bolsa de Valores de Nova Iorque, em outubro de 1929. A contribuição de Keynes foi melhorar a compreensão das forças que atuam sobre os agregados macroeconômicos (renda, investimentos e consumo), bem como o entendimento das flutuações do emprego e da produção, variáveis diretamente relacionadas com as crises financeiras (Heilbroner, 1996).

Uma vez entendidos o significado e a origem do termo *macroeconomia*, passemos para o item seguinte. Neste ponto, precisamos esclarecer dois conceitos fundamentais em economia: curto prazo e longo prazo.

Devemos ser sinceros com você, leitor, esses conceitos não são de fácil entendimento nem para um economista. E você deve estar se perguntando: Por quê? Entender quando a variável deixa de ser de curto prazo e passa a ser de longo prazo é relativamente subjetivo, pois não há uma tabela em que possa ser consultada essa informação.

Dornbusch, Fischer e Startz (2011, p. 45, grifo nosso) assim definem curto e longo prazo:

> *Curto prazo – Os preços são relativamente fixos, pois alterá-los demanda custos que não são aceitáveis naquele momento. E a produção é variável até certo ponto, nunca acima da **fronteira de possibilidade de produção**, seja de uma empresa ou de uma nação. É no contexto de curto prazo que encontramos o papel mais importante para a política macroeconômica.*
>
> *Longo prazo – A produção depende do capital – máquinas e pessoas – e da tecnologia. Portanto, para aumentar a oferta de produto no longo prazo, seja da sua empresa ou de uma nação, serão necessários incrementos no capital ou avanços na tecnologia que claramente não são possíveis num curto espaço de tempo, isto é, não disponíveis no curto prazo.*

A **fronteira de possibilidade de produção**, termo destacado no excerto, está intrinsecamente relacionada com os conceitos de curto prazo e longo prazo. Costuma-se chamar essa possibilidade de produção de *produto potencial*, que somente será possível de alterar no longo prazo, por meio de alterações no montante de capital empregado ou por alterações na tecnologia.

Convém esclarecermos isso por meio de um exemplo: um artesão produz esculturas em madeiras trabalhando cinco horas por dia. Como ele poderia aumentar sua produção? Há duas respostas possíveis:

1. Trabalhar dez horas por dia (o limite físico do artesão não permitiria mais tempo do que isso) produzindo quatro esculturas. Com esse máximo tempo possível e sua forma tradicional de fabricação, esse total seria o produto potencial ou a fronteira de possibilidade de produção. Seria o máximo que o artesão conseguiria atingir no curto prazo.
2. Fazer investimentos em novas ferramentas, novos conhecimentos ou diferentes técnicas, permitindo que no longo prazo (dias, meses ou anos) ele produzisse mais esculturas despendendo o mesmo tempo.

Nesse ponto, atente para um detalhe: você, leitor, já conseguirá entender quando em um debate entre economistas um deles disser algo como: "O crescimento de nossa economia está limitado pela falta de investimentos!" ou "Os investimentos somente surtirão efeito no longo prazo". Em suma, os economistas que afirmam isso estão fazendo uma referência indireta à **fronteira de possibilidade de produção**. Adiante, retomaremos esse conceito para discutir oferta agregada, produto potencial e a relação da fronteira de possibilidade de produção com a capacidade ociosa da economia.

Mankiw (2009) apresenta outro ponto essencial para se compreender a postura da política econonômica e se verificar se determinada declaração é normativa ou positiva. Veja as duas afirmações a seguir:

- Economista 1: "A queda da produção causa desemprego."
- Economista 2: "O governo deve aumentar os investimentos."

A afirmação do economista 1 é do tipo positiva. Declarações positivas são descritivas em sua essência, informam como o mercado funciona e, geralmente, apontam a causa e o efeito esperados para dada situação. A afirmação do economista 2 é do tipo normativa, isto é, indica o que deve ser feito, ou pelo menos como deveria ser feito.

Uma declaração positiva está relacionada com evidências que, em princípio, precisam de validação por meio de dados para serem confirmadas. Uma forma de confirmar se a afirmação do economista 1 é verdadeira é observar, na indústria, a relação ao longo do tempo entre a produção e o nível de emprego.

A afirmativa do economista 2 é do tipo normativa e está mais relacionada com uma questão política. É possível que os dados mostrem que um aumento nos investimentos via governo não tenha o impacto esperado na economia; entretanto, na visão política – teórica e partidária – daquele economista, o aumento dos investimentos governamentais seria necessário.

Ter em mente a distinção entre afirmativas positivas e normativas é sempre necessário, pois, quando um economista faz declarações normativas, nem sempre está partindo de uma visão científica, e sim de uma visão político-partidária.

Confira se você entendeu tudo até aqui. Observe esta manchete publicada por um jornal econômico de grande circulação: "BNDES reduz custo de financiamentos para projetos de infraestrutura" (Martins; Rodrigues, 2016).

A primeira pergunta que podemos fazer é: O efeito esperado pelo governo é para curto ou longo prazo? Certamente é para longo prazo – apesar de a política ser passível de implementação em poucos dias, o efeito na produção só será colhido em meses ou anos após os investimentos serem finalizados.

Qual será o efeito para o produto potencial? Se os investimentos se realizarem por completo, o produto potencial da economia e das indústrias aumentará. Por fim, a declaração do Banco Nacional do Desenvolvimento (BNDES) foi normativa ou positiva? Claramente normativa, uma vez que se trata de uma política implementada pelo banco e pelo governo.

## (2.2)
## Principais agregados macroeconômicos

De acordo com Simonsen e Cysne (1985), existem sete conceitos básicos para aferir o desempenho real de uma economia: 1) produto; 2) renda; 3) consumo; 4) poupança; 5) investimento; 6) absorção; 7) despesa. Esses conceitos, base para a contabilidade nacional, são nomeados *agregados macroeconômicos*, pois consideram os resultados da atividade econômica como um todo. A seguir, apresentamos esses conceitos pormenorizadamente.

O **produto**, como conceito de agregado macroeconômico, afere o valor total da produção da economia em determinado período. No Brasil, a compilação dos dados é de responsabilidade do Instituto Brasileiro de Geografia e Estatística (IBGE), que emite um relatório a cada três meses. O primeiro cuidado que deve ser tomado no cálculo da produção é evitar a dupla contagem, isto é, deve ser sempre contada a produção de produtos finais. Considere o seguinte exemplo:

O IBGE compila a produção de carros, não de motores, aço e borracha, que são insumos na produção do carro. Portanto, o instituto agrupa somente aqueles bens que não foram usados como intermediários para outros bens.

Por questões metodológicas, muitas vezes não é possível auferir o valor do produto final, como no setor de serviços. Nesse caso, o IBGE utiliza o conceito de valor adicionado. Denomina-se *valor adicionado* a diferença entre o produto final e os valores dos produtos intermediários. Por consequência, o produto nacional não deixa de ser igual à soma de todos os valores adicionados, em dado período e em todas as unidades produtivas do país.

O produto considera somente a produção em determinado período de tempo; logo, quando alguém se refere ao produto de 2010, está se considerando a soma de todos os produtos finais do referido ano. Um detalhe importante é que a compra de bens usados, como imóveis, não aumenta o produto nacional.

Para tratarmos sobre o agregado macroeconômico **renda**, precisamos clarificar o que são os fatores de produção. Para produzir bens e serviços, as empresas demandam recursos e insumos, que podem ser matéria-prima, mão de obra, máquinas, ferramentas, tecnologia etc. São justamente esses recursos que são os chamados *fatores de produção*.

Como nada é de graça, todos os fatores são vendidos no mercado. Exemplo de matéria-prima são as *commodities*[2], que são negociadas em mercados internacionais. A mão de obra é remunerada com base nos salários; e as máquinas, com base nos aluguéis.

---

2   Commodities – *ou* commodity, *no singular* – *é uma expressão do inglês que se difundiu no linguajar econômico para fazer referência a determinado bem ou produto de origem primária, comercializado nas bolsas de mercadorias e valores de todo o mundo, e que tem um grande valor comercial e estratégico.*

Em síntese, no agregado renda incluem-se os salários (remuneração pela mão de obra ofertada), os juros (remuneração pelo capital de empréstimos), os lucros (remuneração pelo capital físico aplicado) e os aluguéis.

Por fim, podemos definir renda como o somatório das remunerações de todos os fatores de produção (salário + lucros + juros + aluguéis) pagas aos agentes de uma economia durante certo período.

Segundo Simonsen e Cysne (1985), o agregado **consumo** é o valor total dos serviços e bens adquiridos pelos indivíduos, sendo dividido em dois tipos: 1) consumo das famílias; 2) consumo do governo.

O consumo das famílias, ou consumo pessoal, é o montante adquirido voluntariamente pelos indivíduos no mercado. Já o consumo do governo são os bens e serviços de uso coletivo postos à disposição das famílias e empresas pelo setor público, como policiamento, educação, justiça etc., sempre de maneira gratuita. A construção de rodovias e outros gastos em infraestrutura, porém não são considerados consumo do governo.

Os aumentos no estoque físico de capital (construção de rodovias, hidroelétricas, compra de equipamentos) são considerados investimentos. **Investimento** está relacionado diretamente com o conceito de **poupança**, pois as pessoas só podem investir aquela parte da renda que não consomem, ou seja, que poupam.

O investimento bruto, também conhecido como *formação bruta de capital*, destina-se à compra e equipamentos e gastos em infraestrutura, bem como à reposição da retirada de circulação de equipamentos e instalações por desgaste e obsolescência. Portanto, investimento bruto é o somatório de investimento líquido e de gastos em depreciações. Alguns autores se referem ao conceito de depreciação como consumo do capital, sendo então relacionado à quantidade que o tempo consome do capital físico investido.

O conceito de poupança está atrelado à ideia de renda não consumida e divide-se em três tipos: 1) poupança privada; 2) poupança do governo; 3) poupança externa ou do resto do mundo. Como já mencionamos, poupança privada é a diferença entre a renda que as famílias dispuseram e o que elas gastaram com consumo. E a poupança do governo compreende tudo o que o governo obteve, por meio de impostos e outras receitas, menos o que gastou.

Note que, quanto maior é a poupança, maior é o investimento. Sendo assim, é possível que um governo seja poupador, mas deficitário no orçamento. E por que isso ocorre? Isso pode acontecer porque o conceito de poupança depende do quanto o governo deixou de gastar, sem incluir as despesas a título de investimentos.

Quando a poupança externa é dita positiva, está se afirmando que o resto do mundo obteve uma poupança positiva em relação às transações econômicas com o Brasil. Em outras palavras, se o Brasil gastou mais em importações do que ganhou com as exportações, gerou poupança externa positiva. Se, por outro lado, em algum ano o Brasil conseguiu exportar mais do que importar, gerou poupança externa negativa.

Citamos as exportações e as importações de bens e serviços, mas, como nos referimos a **despesas**, elas podem ser a soma de salários, aluguéis, lucros e juros enviados ao exterior.

O conceito de **absorção**, por sua vez, refere-se à soma do consumo e do investimento. Trata-se, portanto, do valor dos bens e serviços que a sociedade absorve em certo período para consumo dos indivíduos e/ou governo ou para o aumento do estoque de capital.

Na economia fechada, isto é, que não faça negócios com o exterior, a absorção coincide com o produto. Se a economia exporta mais bens ou serviços do que importa, parte da produção total não é absorvida pelo país, mas pelo exterior.

Por fim, o conceito de despesa agrupa a absorção interna somada ao saldo das exportações sobre importações de bens e serviços. Então, temos que despesa é igual à soma do consumo e do investimento mais a diferença entre exportações e importações.

## (2.3)
## IDENTIDADES MACROECONÔMICAS BÁSICAS

O estudo das identidades fundamentais da contabilidade nacional serve de base para um vasto conhecimento que ainda será apresentado. Conforme aponta Branson (2001), é preciso compreender os quatro princípios das contas nacionais listados a seguir:

1. Despesas e rendimentos semelhantes contabilmente devem ser agregados em conjunto. Como normalmente a economia adota o viés da despesa, os gastos dos consumidores devem ser agrupados em uma grande conta, que não leva em consideração gastos de outros agentes ou lançamentos de outra natureza (investimento ou tributação).
2. As contas nacionais medem os rendimentos e as despesas relacionados com a produção corrente de bens e serviços, neste caso não são consideradas transações relacionadas com bens produzidos fora do vigente ano; a venda de um carro usado, por exemplo, não afeta o Produto Interno Bruto (PIB).
3. As despesas dos consumidores são registradas como procura final e não como consumo intermediário da força de trabalho pela empresa. Isso pode parecer óbvio, mas é fundamental para não haver duplicidade contábil.
4. Por fim, sempre que possível, o produto e o serviço devem ser considerados a preço de mercado. Essa questão é relativamente

fácil quando se trata de bens e serviços de empresas privadas; entretanto, o problema ocorre com os serviços oferecidos pelo governo e os bens produzidos pelas famílias. Nesse caso a opção é considerar o valor dos fatores intermediários utilizados na produção e oferta dos bens e serviços.

Compreendidos esses princípios, é possível assumir a equação fundamental da contabilidade nacional:

$$\text{Produto (Y)} \equiv \text{Renda (R)} \equiv \text{Despesa}$$

### Preste atenção!

O símbolo $\equiv$ indica *identidade*. Trata-se, portanto, de uma tautologia; isso significa que dela deriva uma afirmação que é sempre verdadeira. Quando se faz referência a identidade, a remissão é uma condição que sempre ocorre em uma situação de equilíbrio. Por uma questão de simplificação e de excepcionalidade, não consideraremos situações de desequilíbrio em nossas análises; estamos apenas sinalizando que existe essa diferença.

A identidade Produto (Y)[3] $\equiv$ Renda (R) resulta de que a adição de valores, em cada etapa do processo de produção, corresponde exatamente à remuneração dos fatores (salário, juros, lucros, aluguéis). Lembre-se de que estamos tratando de uma economia com governo e interligada com o resto do mundo; estamos levando em consideração, portanto, que a produção pode remunerar o salário de um nacional, assim como de um estrangeiro.

---

3  Adiante, trataremos dos conceitos de produto final, PIB, produção de bens finais e PIB a preços de mercado. Para a macroeconomia, diversas vezes, esses itens são tratados como sinônimos. Sendo assim, o símbolo Y poderá fazer referência a todos esses termos.

Podemos entender produto, renda e despesa como um grande fluxo, em que o produto remunera seus fatores (salários, insumos etc.), que, somados, representam a renda agregada. A renda, por sua vez, só pode ser convertida em despesa, sendo esta última dividida em consumo, investimento ou gasto no exterior.

A segunda identidade é:

$$\text{Poupança (S)} \equiv \text{Investimento (I)}$$

Consideremos, inicialmente, uma economia sem governo (sem G) e fechada para o comércio internacional – sem exportações (X) e importações (M). Portanto, nesse caso, a produção de bens finais (Y) tem, tão somente, duas finalidades: consumo das famílias (C) ou investimento (I). Assim:

$$Y \equiv C + I$$

A Renda (R), nesse momento, tem somente duas utilizações: ou é consumida (C) ou vira poupança (S). Logo:

$$R \equiv C + S$$

Sendo $P \equiv R$, obtém-se:

$$C + I \equiv C + S$$
$$I \equiv S$$

Esta última equação mostra que, em uma economia simples, o investimento é idêntico à poupança. Como interpretar essa relação? Em uma economia simples, a única forma de os investidores financiarem as próprias aplicações é tomar emprestado de indivíduos que poupam (Dornbusch; Fischer; Startz, 2011). Como isso afeta a economia? Você já deve ter lido em algum texto que o baixo nível de poupança no Brasil dificulta o aumento do nível de investimentos. Eis uma razão para integrar nas equações o governo e o setor externo. As compras de bens e serviços do governo são indicadas por G, as exportações, por X, e as importações, por M. Com esses elementos, forma-se a equação fundamental da contabilidade nacional:

$$Y \equiv C + I + G + (X - M)$$

Essa é uma das equações mais importantes da economia e, em síntese, consiste no cálculo que resulta no PIB. Ela indica que o produto de toda a economia é a soma do que foi consumido e do que foi investido, acrescido dos gastos do governo e o saldo da balança comercial.

Sugerimos que, a partir de agora, sempre que você vir alguma notícia sobre o crescimento do PIB, atente para o fato de que esses componentes – consumo, investimento, gastos do governo e balança comercial – estarão presentes.

E como fica a poupança com a introdução do setor externo? A poupança interna é basicamente a diferença entre a remuneração e o que foi consumido, ou seja, $S = R - C$. A poupança externa é a diferença entre as importações sobre as exportações. Portanto:

- Poupança = Poupança interna + Poupança externa

Como investimento é idêntico à poupança, logo:

- Investimento $\equiv$ Poupança interna + Poupança externa

Isso demonstra que, caso a poupança interna seja menor que os valores de investimentos, é o setor externo quem os financiará. Existem discussões dentro da economia sobre qual é o papel do setor externo nos investimentos nacionais, e se isso causa vulnerabilidade econômica. Não cabe aqui apresentar essa discussão, mas apenas ressalvar que esses são tópicos extremamente importantes para a economia.

Para aprofundarmos nossa abordagem, é valido apresentarmos alguns conceitos importantes aplicados pelo IBGE quando esse instituto realiza a mensuração do PIB trimestralmente e anualmente. Há três categorias principais de transações realizadas pelos agentes econômicos (empresas, família e governo) que têm de ser consideradas:

1. **Transação de bens e serviços** – Transação mais comum na economia, considera a produção e o consumo de bens e serviços. Os bens podem ser produzidos nacionalmente ou importados, e a utilização pode ser para consumo final, intermediário, exportação ou formação bruta de capital (investimento).
2. **Transação de distribuição** – Adota a visão da economia pelo lado da renda. Isso significa que nesse tipo de transação são considerados, entre outros gastos, aqueles realizados em contratação de mão de obra, pagamento de impostos, pagamentos de alugueis e recebimento de subsídios, indenizações, cooperação internacional, entre outros.
3. **Transação financeira** – Refere-se à aquisição líquida de ativos ou à contração líquida de passivos. Há diversos tipos de instrumentos financeiros que estão relacionados com essas transações (título de dívida, empréstimo, participação em fundos de investimento, sistemas de seguros e previdência).

Outro ponto interessante que deve ser mencionado a respeito da metodologia de mensuração do PIB é como são feitas as valorações ou precificações de cada transação. Basicamente, o IBGE considera dois tipos de preços: 1) preço básico – em que há a exclusão de qualquer imposto e qualquer custo de transporte não embutido no preço pelo produtor, e inclusão do valor dos subsídios; 2) o preço do comprador, que é o preço básico somado a impostos, margens de comércio e transporte.

Usualmente, a produção é considerada a preços básicos, isto é, sem a inclusão de impostos, margens e transporte. Talvez isso pareça um pouco nebuloso neste momento, mas ficará claro quando tratarmos de balanço de pagamentos (BP).

Uma transação importante é a **formação bruta de capital fixo**, que está intrinsecamente relacionada com o nível de investimento de uma economia. Ela é definida como as aplicações correntes em ativos fixos e que visam, sobretudo, a ampliação da capacidade produtiva da economia. Em outras palavras, são bens adquiridos no ano vigente (corrente), mas que são de longa duração – por isso, fixos – e são utilizados em outros processos produtivos – portanto, ativos, e não passivos.

Os ativos podem ser adquiridos ou produzidos pela empresa. No primeiro caso, são avaliados pelo preço do comprador; no segundo, pelo preço básico.

O Quadro 2.1 lista os ativos que integram a formação bruta de capital fixo.

Quadro 2.1 – Ativos que integram a formação bruta de capital fixo de uma economia segundo o System of National Accounts (SNA) de 2008

| SNA 2008 |
|---|
| Ativos tangíveis |
| Residências |
| Outras edificações e estruturas |
| Edifícios exceto residência |
| Outras estruturas |

*(continua)*

*(Quadro 2.1 – conclusão)*

| SNA 2008 |
|---|
| **Ativos tangíveis** |
| Melhorias fundiárias |
| Máquinas e equipamentos |
| Equipamentos de transporte |
| Equipamentos para informação, comunicação e telecomunicação |
| Equipamentos bélicos |
| Recursos biológicos cultivados |
| **Ativos intangíveis – Produtos de Propriedade Intelectual (PPI)** |
| Pesquisa e desenvolvimento |
| Exploração e avaliação mineral |
| *Software* e banco de dados |
| Originais de entretenimento, literatura e artes |
| Outros PPI |

Fonte: IBGE, 2015, p. 4.

## (2.4)
## SISTEMA DE CONTAS NACIONAIS

Como explica Simonsen e Cysne (1985), a contabilidade nacional, ou sistema de contas nacionais, representa o desempenho real de uma economia, ou seja, informa com a máxima precisão possível os montantes contábeis que circularam naquela economia em dado período. Por se tratar de um sistema de contas, é necessário que ele obedeça, ao menos, a dois princípios:

1. o equilíbrio interno de cada conta, em que o total dos débitos deve ser igual ao total dos créditos;
2. o equilíbrio externo do sistema, no qual um lançamento devedor necessita de um correspondente igual em crédito em outra conta.

Se você, leitor, tem conhecimentos contábeis, certamente percebeu que o sistema nacional de contas segue os princípios gerais da contabilidade, baseados no sistema de partidas dobradas.

Esses princípios esclarecem o motivo da igualdade da equação: PRODUTO ≡ RENDA ≡ DESPESA. É possível, então, calcular o valor do PIB por três óticas diferentes: 1) do produto; 2) da renda; 3) da despesa.

Pela ótica do produto, considera-se o PIB o valor total dos bens e serviços finais – sem bens intermediários – produzidos no país em determinado período. Outra forma de cálculo seria considerar somente os valores adicionados em cada processo de produção. Para clarificar, apresentamos o seguinte exemplo: um país conta com uma fazenda de cana-de-açúcar que rende R$ 1.000,00. Essa fazenda vende toda a produção para uma refinaria, que, por sua vez, produz açúcar no valor total de R$ 2.000,00. Essa refinaria vende toda a produção do açúcar a um atacadista. Por fim, o atacadista vende todo o açúcar por R$ 3.000,00.

Observe a Tabela 2.1 para compreender a forma de cálculo do PIB:

Tabela 2.1 – Cálculo do PIB

|  | Valor total bruto (VTB) (R$) | Consumo intermediário (CI) (R$) | Valor adicionado (VTB–CI) (R$) |
|---|---|---|---|
| Fazenda (cana) | 1.000 |  | 1.000 |
| Refinaria de açúcar | 2.000 | 1.000 | 1.000 |
| Atacadista de açúcar | 3.000 | 2.000 | 1.000 |
| Total | 6.000 | 3.000 | 3.000 |

Note que o PIB pode ser calculado somente pelo valor do bem final (açúcar = R$ 3.000,00) ou pelos valores adicionais ao longo da cadeia (1.000 + 1.000 + 1.000 = 3.000).

Pela ótica da renda, o PIB é calculado pela soma de salários, aluguéis, juros e lucros.

O cálculo pela ótica da despesa remete à fórmula da equação fundamental da contabilidade, apresentada agora com uma alteração:

$$PIBpm = C + I + G + (X - M)$$

Lembrando, o PIB é a soma de consumo, investimentos, gastos do governo e saldo da balança comercial. Você deve ter notado o uso de PIBpm, que se refere ao Produto Interno Bruto a preços de mercado. Esse é o conceito mais importante e que, usualmente, é designado por *PIB*.

Ao se desconsiderarem os impostos indiretos, aqueles pagos pelo consumidor final – como o Imposto sobre Produtos Industrializados (IPI), e os subsídios oferecidos pelo governo, forma-se o Produto Interno Bruto a custo dos fatores (PIBcf). Qual é a utilidade desse conceito? Calcular o produto corrigindo em parte a influência do governo. Imagine, por um momento, que um governo gastou demasiadamente em subsídios em dado ano; nesse caso, é certo que o PIBpm terá valor inflado ou bem acima do PIBcf.

Até o momento, você deve ter notado que ainda não comentamos o efeito da inflação no cálculo do PIB. De fato, só tratamos do chamado *PIB nominal*, que sempre é calculado com base nos preços correntes de dado ano. Dessa forma, para calcular o PIB nominal de um ano qualquer, basta multiplicar as quantidades dos bens produzidos nesse ano pelos preços correspondentes, ou seja:

$$\text{PIB nominal} = \text{Quantidade} \times \text{Preços correntes}$$

E como é feito o cálculo do PIB real? Uma vez que o problema em foco é o efeito da inflação, não se levam em consideração as variações de preço.

Pense em uma economia que produz somente dois bens (P1 e P2). Na Tabela 2.2, são indicados os preços e a quantidade produzida de cada bem; usaremos essas informações para explicar como é feito o cálculo do PIB real.

Tabela 2.2 – Cálculo de PIB nominal e PIB real

| Ano | Preço P1 | Quantidade P1 | Preço P2 | Quantidade P2 | PIB nominal | PIB real |
|---|---|---|---|---|---|---|
| 2014 | 10 | 100 | 20 | 200 | 5.000 | - |
| 2015 | 15 | 120 | 22 | 250 | 7.300 | 6.200 |

O PIB real de 2015 é calculado multiplicando-se a quantidade produzida nesse ano pelos preços de algum ano base, nesse caso, 2014. Os cálculos foram feitos da seguinte forma:

PIB real de 2015 = 10 × 120 + 20 × 250 = 6.200

Verifica-se que a variação da economia, sem os efeitos inflacionários, foi de 24% de crescimento, dividindo-se 6.200 por 5.000. Entretanto, observando-se somente o PIB nominal, encontra-se 46% de aumento. Apesar de bem simples, esse exemplo tem por objetivo mostrar que é preciso considerar a inflação quando se está tratando de resultados nominais na economia.

Aproveitando esses dados apresentados, destacamos outro importante conceito, o **deflator implícito do PIB**. Dividindo o valor de 7.300 pelo valor real encontrado, de 6.200, obtém-se o deflator implícito do PIB de 2015, que, nesse caso, será de 1,17 ou simplesmente 17%, isto é, dividindo 7.300 por 6.200.

Em síntese, o deflator implícito do PIB permite aferir a inflação ao longo de um período. No exemplo, o nível geral de preços, ou inflação, aumentou em média 17%.

Detalharemos a inflação e os vários índices existentes no mercado na Seção 2.8, mas o que deve ser aprendido aqui é sobre a qualidade do deflator como medida de inflação, principalmente pela sua amplitude, dado que leva em consideração toda a gama de bens na economia.

Agora, abordaremos um assunto essencial para entender a diferença de PIB e Produto Nacional Bruto (PNB). Por que conhecer a diferença entre essas duas somas? Basicamente porque, em países desenvolvidos, geralmente o PNB é maior do que o PIB, pois o país recebe renda líquida pelos fatores de produção. A diferença de valores entre PIB e PNB indica o grau de relação ou dependência com o exterior.

Reforçamos que é preciso considerar o resto do mundo, porque, para cálculos do PIB, são levados em conta todos os agentes (famílias, empresas e governos) de outros países, chamados, nesse caso, de *não residentes*, que realizam transações com os residentes do país.

As transações com o exterior podem ser divididas em dois grupos: 1) no primeiro grupo, consideram-se as transações promovidas para fins de importação (M) e exportação (X), que constituem as negociações de bens e serviços; 2) no segundo grupo, as transações realizadas pela compra e venda de fatores de produção, como mão de obra, equipamentos, pagamento de dívidas e *royalties*[4].

No segundo grupo de transações aparece, então, um novo conceito: a **Renda Líquida Enviada ao Exterior (RLEE)**. Trata-se da

---

4   Royalties *são uma quantia paga por alguém a um proprietário pelo direito de uso, exploração e comercialização de um bem.*

diferença entre o que é pago por fatores de produção externos utilizados internamente e o que é recebido do exterior por fatores de produção nacionais empregados em outros países. Portanto, quando se faz referência ao PIB, considera-se a RLEE, resultando na seguinte relação:

$$PIB = PNB + RLEE$$

Se você, leitor, acompanhou o raciocínio, provavelmente notou que a RLEE está somando na equação, não esquecendo que, em países desenvolvidos, o PNB é maior que o PIB. Sendo assim, nesses casos, a renda líquida enviada é negativa; isso significa que países como os Estados Unidos recebem renda líquida do exterior, apresentando nessa conta um sinal negativo.

A Tabela 2.3 mostra o comportamento do PIB e do PNB no Brasil entre 2011 e 2019. Ao analisá-la, observa-se que o PNB, em todos os períodos analisados, permaneceu abaixo do PIB, e a RLEE oscilou consideravelmente entre os trimestres. Outra observação é que, apesar do crescimento do PIB ao longo do período, a RLEE não apresentou comportamento semelhante, indicando que não houve aumento de pagamento por fatores de produção externos.

Tabela 2.3 – PIB, PNB e RLEE do Brasil, 2011 a 2019

| Período trimestre | PNB (Bilhões R$) | PIB (Bilhões R$) | RLEE (Bilhões R$) |
|---|---|---|---|
| 2011 T1 | 993,43 | 1.016,5 | 23,0 |
| 2011 T2 | 1.063,5 | 1.086,7 | 23,1 |
| 2011 T3 | 1.081,3 | 1.112,3 | 30,9 |
| 2011 T4 | 1.128,4 | 1.160,8 | 32,3 |
| 2012 T1 | 1.114,4 | 1.129,4 | 15,0 |
| 2012 T2 | 1.158,2 | 1.183,1 | 24,9 |
| 2012 T3 | 1.203,4 | 1.230,4 | 26,9 |

*(continua)*

*(Tabela 2.3 – conclusão)*

| Período trimestre | PNB (Bilhões R$) | PIB (Bilhões R$) | RLEE (Bilhões R$) |
|---|---|---|---|
| 2012 T4 | 1.241,3 | 1.271,7 | 30,3 |
| 2013 T1 | 1.230,2 | 1.241,6 | 11,3 |
| 2013 T2 | 1.313,8 | 1.322,5 | 8,7 |
| 2013 T3 | 1.341,0 | 1.354,1 | 13,0 |
| 2013 T4 | 1.389,3 | 1.413,2 | 23,8 |
| 2014 T1 | 1.362,5 | 1.385,9 | 23,3 |
| 2014 T2 | 1.395,7 | 1.422,2 | 26,5 |
| 2014 T3 | 1.434,8 | 1.462,1 | 27,3 |
| 2014 T4 | 1.477,0 | 1.508,5 | 31,5 |
| 2015 T1 | 1.434,0 | 1.456,8 | 22,7 |
| 2015 T2 | 1.452,9 | 1.480,0 | 27,0 |
| 2015 T3 | 1.475,7 | 1.508,1 | 32,3 |
| 2015 T4 | 1.511,8 | 1.550,7 | 38,8 |
| 2016 T1 | 1.466,5 | 1.499,3 | 32,8 |
| 2016 T2 | 1.537,5 | 1.558,2 | 20,6 |
| 2016 T3 | 1.547,2 | 1.576,7 | 29,51 |
| 2016 T4 | 1.594,3 | 1.632,8 | 38,5 |
| 2017 T1 | 1.551,1 | 1.583,5 | 32,4 |
| 2017 T2 | 1.605,2 | 1.626,7 | 21,5 |
| 2017 T3 | 1.609,1 | 1.639,5 | 30,4 |
| 2017 T4 | 1.674,2 | 1.703,9 | 29,7 |
| 2018 T1 | 1.622,4 | 1.644,7 | 22,2 |
| 2018 T2 | 1.667,8 | 1.687,0 | 19,2 |
| 2018 T3 | 1.685,6 | 1.716,1 | 30,5 |
| 2018 T4 | 1.755,8 | 1.779,6 | 23,8 |
| 2019 T1 | 1.678,6 | 1.713,6 | 34,9 |
| 2019 T2 | 1.753,4 | 1.780,2 | 26,8 |

Fonte: Elaborado com base em IBGE, 2020a.

Em suma, apresentamos nesta seção os elementos que constituem o cálculo do PIB, e explicamos que ele pode ser calculado sob três óticas diferentes. Também demonstramos que é preciso considerar a diferença do nominal para o real, o PIB a preços de mercado e a custo de fatores, e como o deflator funciona com medida de inflação da economia. Além disso, esperamos que tenha compreendido a diferença ePIB e PNB, e a definição de RLEE.

## (2.5)
## Balanço de pagamentos (BP)

Como mencionamos, após a contribuição de John Maynard Keynes para o desenvolvimento da macroeconomia nos anos 1930, os economistas passaram a observar o comportamento e a evolução econômica de um país de forma esquemática. Isso quer dizer que eles não só mediam produção, renda e consumo, mas também analisavam como os agregados macroeconômicos se comportavam perante o sistema econômico como um todo.

Diante disso, foram empreendidos esforços para desenvolver um sistema de contas nacionais, seguindo os princípios macroeconômicos e de contabilidade. O resultado foi a formação de um novo ramo na ciência econômica, a **contabilidade social**, que visa à produção de estatísticas sistematizadas sobre variáveis agregadas.

A contabilidade social, segundo Paulani e Braga (2012), segue três princípios básicos advindos da contabilidade empresarial:

1. **princípio das partidas dobradas**, em que, para cada lançamento a débito, deve haver um correspondente de mesmo valor a crédito;

2. **equilíbrio interno**, que corresponde à exigência de igualdade entre o valor do débito e do crédito em cada uma das contas;
3. **equilíbrio externo**, que está ligado à necessidade de equilíbrio entre todas as contas do sistema. Caso você não tenha compreendido esse conceito neste momento, não se preocupe, adiante faremos alguns lançamentos no BP que lhe ajudarão a compreender melhor esses princípios.

Na contabilidade social, uma das subáreas mais importantes é o BP. Atualmente, a instituição responsável pela elaboração e divulgação desse balanço é o Banco Central do Brasil (Bacen). Segundo a definição do Bacen, o BP é o registro estatístico de todas as transações, fluxo de bens e valores, entre os residentes de uma economia e o restante do mundo. O balanço segue determinantes estabelecidos pelo Fundo Monetário Internacional (FMI).

Segundo Paulani e Braga (2012), residentes são aquelas pessoas, físicas ou jurídicas, que tenham determinado país como seu principal centro de interesse. Por exemplo, se um espanhol passar alguns meses no Brasil, a trabalho ou turismo, mesmo que ele tenha residido no Brasil nesse período, o centro de interesse dele continuou sendo a Espanha.

A seguir, apresentamos uma estrutura simplificada do BP. Desse ponto, leitor, não há como escapar; é preciso saber montar essa estrutura. Recomendamos que você copie o esquema do BP repetidas vezes.

Quadro 2.2 – Formato do BP

| Balanço de pagamentos |
|---|
| Balança comercial (BC)<br>• Exportações<br>• Importações |
| Balança de serviços (BS)<br>• Transportes<br>• Viagens internacionais<br>• Seguros<br>• *Royalties* e licenças<br>• Outros |
| Balança de rendas (BR)<br>• Remuneração, salários<br>• Rendas de investimento (lucros, dividendos, juros) |
| Transferências unilaterais correntes (TUC) |
| Saldo em conta-corrente / transações correntes (TC)<br>• TC = A + B + C + D |
| Conta capital e financeira (CCF)<br>• CONTA CAPITAL<br>• CONTA FINANCEIRA<br>  ▪ Investimentos diretos<br>  ▪ Investimentos em carteira<br>  ▪ Derivativos<br>  ▪ Outros investimentos |
| Erros e omissões (EO) |
| Saldo BP<br>• BP = Soma das contas (BC, BS, BR, TUC, TC, CCF e EO) |
| Haveres internacionais (H) ou Variação das reservas internacionais (VRI)<br>• VRI = –H<br>• Reservas em moeda estrangeira<br>• Reservas no FMI<br>• Ouro<br>• Direitos especiais de saque<br>• Outros haveres |

Fonte: Elaborado com base em BCB, 2002.

Agora, explicamos, de forma resumida, cada item do BP e, ao final, forneceremos exemplos de lançamentos contábeis.

- **Balança comercial (BC)** – Nessa conta, são contabilizados os valores de exportações e importações de **bens tangíveis**. Não são considerados custos de fretes e seguros, pois estes são caracterizados como serviços. Quando consta que as exportações superam as importações, há *superavit* da BC; caso contrário, há *deficit*.
- **Balança de serviços (BS)** – Nessa conta, são levadas em consideração as transações com **bens intangíveis**, tais como gastos com turismo, transportes e fretes, serviços de comunicação, *royalties* etc.
- **Balança de rendas (BR)** – Provavelmente você se lembra de que a renda está relacionada com o pagamento de fatores, como lucro, juros, salários, com exceção dos aluguéis, que, na atualização metodológica, são considerados serviços. Um exemplo de lançamento nessa conta é o envio de lucros de uma filial para a matriz, ou a contratação, por um residente, de um *webdesigner* residente nos Estados Unidos.
- **Transferências unilaterais correntes (TUC)** – Nessa conta, são registradas as transações internacionais que não envolvem nenhum tipo de contrapartida. Por exemplo: doações para países em guerra, transferência de heranças e pagamento de pensões a nacionais que residem no exterior.
- **Saldo de transações correntes (TC)** – Também conhecido como *saldo em conta-corrente*, essa conta é o somatório dos saldos da BC, da BS, da BR e da TUC.

Quando o saldo de TC registra *deficit*, significa que o resto do mundo gerou poupança externa, como mencionamos na Seção 2.4. Assim, tem-se que:

$$Sext = - TC$$

É comum, em matérias jornalísticas sobre balança de pagamentos, o uso da nomenclatura *passivo externo líquido* para poupança externa ou *deficit* em transações correntes. Isso sinaliza que o país produziu, considerando bens, serviços e transferências, uma quantidade de dinheiro insuficiente para pagar as despesas assumidas com o exterior no mesmo período.

Para responder à pergunta de como um país pode financiar um *deficit* nas transações correntes, o problema pode ser parcialmente resolvido com a segunda parte do BP, que considera a Conta capital e financeira. Para clarificar isso, recorremos a um exemplo: considere que determinado país obteve um resultado ruim nas transações correntes, pois importou produtos demais. Entretanto, para compensar, o país pode ter recebido investimentos externos diretos. Se a magnitude do investimento externo direto for maior que o *deficit* nas transações correntes, isso refletirá positivamente o saldo do BP. Caso ocorra um *deficit* nas transações correntes e não seja compensado nas transações de capital e financeira, o país utilizará as chamadas *reservas internacionais* ou, em último caso, solicitará um empréstimo ao FMI. Convém, então, detalharmos cada uma das contas que integram essa segunda parte do BP.

Primeiramente, na conta capital, são levadas em consideração as transferências unilaterais de capital, isto é, transferências de ativos fixos e transferências de fundos financeiros vinculados à aquisição de ativos. Um exemplo seria a mudança de uma pessoa para os

Estados Unidos levando consigo seus ativos. Usualmente, no Brasil, essa conta não apresenta saldos expressivos.

A conta mais importante dessa segunda parte do BP é, sem dúvida, a Conta Financeira, antigamente designada *Conta de Movimento de Capitais Autônomos*. Ela se refere à aquisição e venda de ativos intangíveis, tal como pagamentos por patentes e marcas, bem como ao registro dos capitais que entram e saem do país. Os capitais que adentram o país são considerados receitas, e os que saem são considerados despesas.

Os capitais são divididos nas seguintes contas: Investimentos diretos, Investimentos em carteira, Derivativos e Outros investimentos.

Os investimentos diretos são aqueles em que existe a compra ou o reinvestimento do capital em entidades fixadas em outro país. Um exemplo disso seria quando uma empresa brasileira decide comprar parte de uma empresa estrangeira, ou quando decide abrir uma filial brasileira em outro país da América Latina.

Um resultado positivo nessa conta indica que o país está sendo importador líquido de capital, isto é, houve entrada de divisas no país. Basicamente, podemos citar quatro motivos para isso:

1. investimentos de estrangeiros na criação ou ampliação da capacidade produtiva;
2. privatizações de empresas nacionais com a venda dos ativos para estrangeiros;
3. reinvestimentos dos rendimentos obtidos pelas empresas de capital estrangeiro que, em vez de serem remetidos para o exterior, permanecem no país e são reinvestidos;
4. empréstimos entre companhias; por exemplo, uma empresa de capital estrangeiro recebe recursos de sua matriz no exterior sob a forma de empréstimo, nesse caso, esse capital é registrado no BP como investimento externo direto.

Os investimentos em carteira, por sua vez, referem-se às transações que ocorrem, normalmente, em mercados secundários, conhecidos também como *ativos financeiros*, incluindo debêntures, títulos públicos e ações. Devemos chamar a atenção para uma diferença na natureza das transações de cada conta, a primeira considera investimentos físicos, os quais são empregados com uma visão a longo prazo; já os investimentos em carteira, que, usualmente, são negociados nas bolsas de valores, pressupõem uma relação mais líquida e de curto prazo. Um exemplo de operação registrada nessa conta seria a compra de ações de uma empresa nacional por uma empresa estrangeira.

Na conta Derivativos, são registradas as aplicações financeiras em produtos que têm como base ativos derivados de outros ativos, como mercado futuro, opções e *swaps* cambiais. Não se preocupe neste momento com essa conta, pois explicaremos mais profundamente o que são derivativos no Capítulo 4 deste livro.

Na conta Outros investimentos, são somadas as operações de crédito e empréstimo, operações com o FMI e outros organismos internacionais. Portanto, nessa conta são registradas as operações que envolvem empréstimos de residentes com não residentes. Por exemplo, uma empresa nacional, visando buscar uma taxa de juros menor, faz um empréstimo com um banco no exterior, trazendo divisas para a economia nacional; a operação é, então, registrada na conta com o sinal positivo.

Por fim, na conta Erros e omissões são somados os ajustes necessários para equilibrar as falhas no BP. Como se trata da contabilidade de um país, é natural que erros aconteçam, impedindo que o saldo do BP não se iguale às variações nas reservas internacionais.

O saldo do BP é a soma de todas as contas mencionadas até o momento. Um saldo positivo no BP indica que houve aumento de meios de pagamento internacionais disponíveis no país; um saldo negativo demonstra que houve redução dos meios disponíveis. As variações do BP refletem diretamente no câmbio, desse modo, um país que vendeu bens e serviços, recebeu investimentos e transferências de capital terá o câmbio valorizado em relação à moeda estrangeira.

Por fim, o saldo da Variação das reservas internacionais (VRI) sempre é igual, mas com sinal trocado contabilmente, ao saldo do BP; em outras palavras, saldos positivos têm reflexos negativos nas reservas internacionais e vice-versa. Portanto, quando o saldo do BP é negativo, esse *deficit* deve ser compensado com a entrada de meios de pagamento via reservas internacionais. As reservas internacionais são compostas por moeda estrangeira, ouro, títulos externos e reservas no FMI. Essa conta registra o que o estrangeiro detém reservas nacionais. Um resultado negativo indica que há reservas do país no exterior; portanto, estrangeiros estão com haveres com o nacional. Já um resultado positivo quer dizer que o estrangeiro possui um direito e que o país deve enviar reservas para fora.

Como você certamente notou, em diversos momentos comentamos que tal operação deve ser registrada positivamente ou negativamente. Para esclarecer como tais transações devem ser registradas no BP, apresentamos o Quadro 2.3. No lado direito foi criada uma coluna que indica as contas mais utilizadas para o registro da contrapartida contábil – não considere isso uma regra, mas um direcionamento, pois pode haver situações em que os lançamentos são diferentes.

Quadro 2.3 – Natureza dos lançamentos efetuados

| Balança comercial | Contrapartida contábil (geralmente) |
|---|---|
| Exportações: crédito | Haveres internacionais: débito<br>Crédito comercial: débito<br>Moeda e depósitos: débito<br>Transações correntes: débito |
| Importações: débito | Haveres internacionais: crédito<br>Crédito comercial: crédito<br>Moeda e depósitos: crédito<br>Transações correntes: crédito |
| **Balança de serviços** | |
| Entrada de recursos (turismo, frete, *royalties*): crédito<br>Saída de recursos: débito | Haveres internacionais: oposto<br>Moeda e depósitos: oposto<br>Transações correntes: oposto |
| **Balança de rendas** | |
| Operação com entrada de recursos (Recebimento de lucros, juros e salários): crédito<br>Operação com saída de recursos: débito<br>Lucros reinvestidos: débito | Haveres internacionais: oposto<br>Investimentos diretos: oposto<br>Empréstimos e financiamentos: oposto |
| **Transações correntes** | |
| Operação com entrada de recursos: crédito<br>Operação com saída de recursos: débito<br>Operação com entrada de mercadorias: crédito<br>Operação com saída de mercadorias: débito | Haveres internacionais: oposto<br>Exportação, importação: oposto |
| **Conta capital** | |
| Operação com aumento de recursos: crédito<br>Operação com saída de recursos: débito | Haveres internacionais: oposto |

*(continua)*

*(Quadro 2.3 – conclusão)*

| Conta financeira | |
|---|---|
| Operação com entrada de recursos: crédito<br>Operação com saída de recursos: débito | Haveres internacionais: oposto |
| **Haveres das autoridades monetárias** | |
| Redução dos haveres: crédito<br>Aumento dos haveres: débito | |

Fonte: Elaborado com base em Paulani; Braga, 2012.

Analisemos alguns exemplos de lançamentos para explicitar como funciona o BP. A sistemática, em geral, é: fazer inicialmente o lançamento na conta do fato gerador e sua contrapartida, na maioria das vezes, na conta de VRI.

### Exemplo 1

- uma empresa brasileira exporta mercadorias no valor de 100;
- portanto, ocorre um lançamento no crédito em exportação de +100;
- e a contrapartida na conta VRI de –100;
- o débito no valor de –100 na conta VRI indica que houve aumento das reservas.

### Exemplo 2

- importação de insumos para a indústria pagos à vista no valor de 50;
- lançamento na conta Importações de –50;
- contrapartida na conta VRI de +50.

**Exemplo 3**
- gasto de brasileiro com turismo internacional no valor de 5;
- lançamento na Balança de serviços (viagens) de –5;
- contrapartida na conta VRI de +5.

**Exemplo 4**
- importação feita a prazo, no valor de 100, sendo que é o resto do mundo quem está financiando;
- lançamento na conta Importações, como no caso anterior de –100;
- como foi feita a prazo e não houve alteração na conta VRI, o lançamento deve ser feito na Conta financeira como empréstimos de +100.

**Exemplo 5**
- um país faz donativos de remédios ao Brasil no valor de 25;
- lançamento como Importações de Bens de –25;
- contrapartida na conta TUC de +25.

**Exemplo 6**
- empresa não residente adquire empresa residente no valor de 50;
- lançamento na conta Investimentos Diretos de +50;
- contrapartida na conta VRI de –50.

Esperamos que ao final dessa explicação você tenha compreendido como funciona um BP, e que tenha subsídios para entender a situação da economia nacional quando, por exemplo, observar uma piora nas exportações, identificando como esse fato afetará as transações correntes e o que será necessário para manter o equilíbrio no BP.

## (2.6)
## OFERTA E DEMANDA AGREGADA: PARTE I

Inicialmente, devemos relembrar o conceito de preço. O preço de um serviço ou bem pode ser compreendido como a quantidade de valor que deve ser dado para sua aquisição, ou seja, trata-se de um indicador de escassez, pois quanto mais raro é o bem ou o serviço, maior é o valor que deve ser pago por ele. Considere o seguinte exemplo: Em determinada localidade ocorreu uma chuva de granizo que destruiu uma parte significativa da produção de milho. Como as famílias saberão da necessidade de reduzir o consumo desse produto? Por meio de uma variação no preço, pois, nesse caso, uma alta no preço do produto provocará uma diminuição no consumo. Sendo assim, é preciso entender que os preços transmitem informações econômicas relevantes, sendo de extrema importância atentar para esses movimentos nos valores.

Dando continuidade à nossa abordagem, apresentamos, a seguir, teorias e modelos que auxiliam no estudo das flutuações do produto, determinação do nível de preços e da taxa de inflação. Esses fenômenos explicam por que a economia se desvia de uma trajetória de crescimento. Também citaremos as políticas disponíveis para o governo reduzir o desemprego e aumentar o produto.

Trabalharemos com definições simplificadas da demanda e oferta agregada e da relação do nível de emprego e inflação, mas que fornecem respostas expressivas sobre os efeitos na economia. Por exemplo: Por que o crescimento de longo prazo da economia depende de alterações no lado da oferta e não da demanda?

O modelo de oferta e demanda agregada é um dos principais modelos no ramo da macroeconomia para entender as flutuações do produto, a determinação do nível geral de preço e da taxa de inflação. Deslocamentos das curvas de demanda e oferta explicam, por exemplo, por que os preços subiram mais em um ano do que em outros; por que os empregos crescem em alguns anos; o que as políticas públicas podem fazer para impedir períodos de queda da renda e aumento do desemprego.

O primeiro passo para detalharmos esse modelo é apresentar as definições simplificadas dos conceitos de oferta e demanda agregada segundo Dornbusch, Fischer e Startz (2011, p. 95):

- *Curva de oferta agregada: A curva descreve, para cada nível de preços, a quantidade de produto que as empresas estão dispostas a fornecer. A curva é positivamente inclinada porque as empresas estão dispostas a ofertar mais produto a preços maiores.*

- *Curva de demanda agregada: A curva mostra as combinações do nível de preços e do nível de produto, aos quais o mercado de bens e o mercado monetário estão simultaneamente em equilíbrio. A curva é negativamente inclinada porque os preços mais elevados reduzem o valor da oferta monetária, que reduz a demanda por produto.*

Fique tranquilo, leitor, se você não conseguiu compreender as definições neste primeiro momento, por meio de gráficos e de exemplos demonstraremos como tais curvas funcionam.

Iniciemos pela curva de demanda agregada, que indica a quantidade de bens e serviços demandados a um nível de preço dado. No Gráfico 2.1, há uma curva de demanda e um deslocamento ao longo dela.

Gráfico 2.1 – Curva de demanda agregada

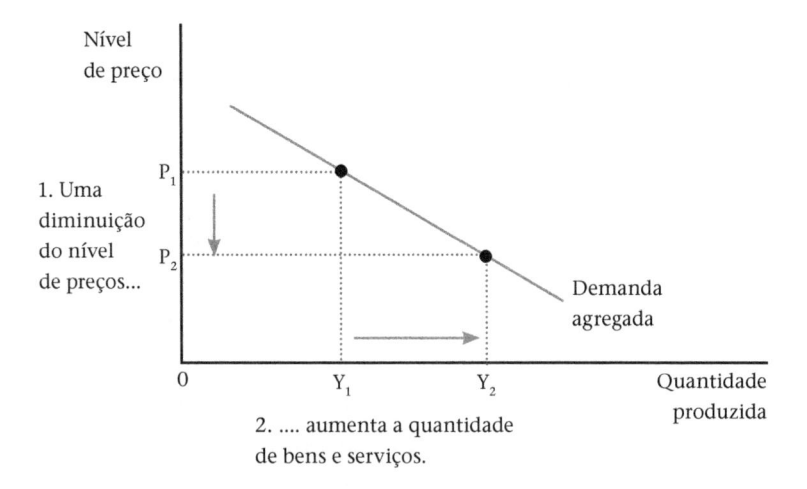

```
Nível
de preço

1. Uma         P₁ ┈┈┈┈┈┈●
diminuição           │         ╲
do nível       P₂ ┈┈┈│┈┈┈┈┈┈┈┈●
de preços...        │         │    ╲ Demanda
                    └────────▶│      agregada
              0        Y₁        Y₂         Quantidade
                 2. .... aumenta a quantidade   produzida
                    de bens e serviços.
```

Fonte: Mankiw, 2009, p. 434.

Uma pergunta que você pode estar se fazendo é: Por que uma queda no nível geral de preços aumenta a quantidade demandada de bens e serviços? Para responder a essa questão, retomamos a definição apresentada na Seção 2.4: o PIB (Y) ou Renda interna é a conjunção dos fatores consumo (C), investimento (I), gastos do governo (G), e exportações (X) menos importações (M):

$$Y = C + I + G + X - M$$

Cada um dos fatores contribui para a demanda agregada por bens e serviços; e a demanda por bens e serviços depende, por sua vez, do nível geral de preços.

Conforme Mankiw (2009), os preços afetam a demanda de três maneiras:

1. **Efeito riqueza** – Para compreender esse efeito, analise o seguinte exemplo: considere todo o dinheiro que você possui em sua carteira e em sua conta bancária. A quantidade, nesse dado momento, é fixa, mas o valor real não. Se os preços dos produtos caírem, você será capaz de comprar mais com o mesmo montante de dinheiro. Se você compra mais, o produto da economia aumenta.
2. **Efeito taxa de juros** – Da mesma forma que no exemplo anterior, se os preços dos produtos caírem, você poderá manter a mesma cesta de consumo e depositar o restante do dinheiro na poupança. Se você lembrar da igualdade entre S e I, notará que um nível maior de poupança na economia implica um aumento dos investimentos. Os investimentos são reflexo da oferta de empréstimos e da taxa de juros, e um aumento na poupança permite que os bancos façam empréstimos com menores taxas de juros.
3. **Efeito taxa de câmbio** – Uma queda no nível geral de preços permite que o governo diminua a taxa Selic, taxa de juros aplicada nos títulos públicos e utilizada como instrumento para diminuir a inflação. O fato de os títulos públicos estarem rendendo menos atrai menos investidores externos. Com menos dinheiro de investidores externos (dólares), a moeda fica mais escassa, e a moeda nacional, mais abundante, levando a uma depreciação da moeda brasileira. A depreciação da moeda nacional torna os produtos brasileiros mais baratos para os estrangeiros, o que impulsiona as exportações. Maiores exportações ($\uparrow$X) refletem em aumento no produto ($\uparrow$Y).

Até esse momento, estamos citando fatores que motivam deslocamentos na curva, principalmente porque estamos considerando que a quantidade de moeda na economia é fixa, ou seja, as alterações de preços levam a mudanças na quantidade de produto demandada, mantendo a quantidade de moeda fixa na economia.

É preciso, então, manter o nível de preços fixo e observar os fatores que deslocam a curva de demanda[5], alterando a quantidade de moeda. Recorremos mais uma vez à fórmula do PIB, pois analisaremos os deslocamentos com base em cada componente da fórmula:

- **Deslocamento do consumo** – Imagine uma sociedade que passe por um aumento na propensão a consumir, ou seja, diminua a porcentagem poupada da renda e aumente o consumo. Esse fenômeno já foi observado em alguns momentos na história, como no pós-Segunda Guerra Mundial, quando a população, retomando o otimismo, voltou a gastar em consumo. Outra forma de deslocamento do consumo ocorre quando o governo diminui a tributação, permitindo que mais renda permaneça com as famílias.

- **Deslocamento do investimento** – Um aumento dos investimentos pode ocorrer com um acréscimo da quantidade de moeda, facilitando o acesso das empresas à tomada de crédito. Outras formas de ampliação do investimento é via crédito fiscal ou incentivos do governo. Uma última opção, também já observada na história, ocorre quando países, logo após grandes desastres naturais, precisam aumentar os investimentos para reconstruir a nação.

---

5 Ressaltamos que há diferença entre deslocamento na curva e deslocamento da curva, pois são conceitos distintos. O primeiro diz respeito aos diversos pontos que constituem aquela curva; já o segundo indica que a curva teve um deslocamento no gráfico.

- **Deslocamento dos gastos do governo** – A forma mais fácil e usual de deslocar a curva de demanda é via gastos governamentais, como ocorre quando o governo decide fazer um pacote de investimentos em estradas ou rodovias.
- **Deslocamento das exportações ou importações** – Considerando para um dado nível de preços, o Brasil obteve um bom ano na agricultura, portanto exportou mais. Ou, ainda, a Europa teve um crescimento na economia e comprou mais do Brasil. O efeito desses fatos seria um deslocamento para a direita na curva de demanda agregada.

Observe o Gráfico 2.2, que mostra um deslocamento da curva de demanda agregada.

Gráfico 2.2 – Deslocamento da curva de demanda agregada

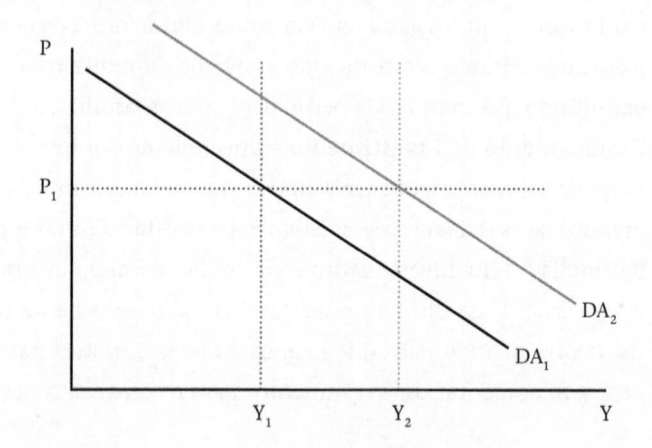

Fonte: Dornbusch; Fischer; Startz, 2011, p. 99.

Destacamos que fatores não relacionados diretamente com economia também podem provocar deslocamentos da curva de demanda. Os exemplos mais comuns são alterações de gosto e mudanças demográficas. No primeiro caso, inclui-se, por exemplo, o aumento da demanda por produtos saudáveis ou orgânicos, que deslocou a demanda desses itens no mercado. Com relação ao segundo caso, mudanças como diminuição ou crescimento da população podem alterar a demanda por novas residências.

**Para saber mais**

As questões demográficas e o modo como elas afetam a economia – fenômeno chamado de *efeitos demográficos* – valem um longo estudo. Inicialmente, recomendamos os vídeos de Hans Rosling, disponíveis em diversas plataformas *on-line*. Um dos vídeos que indicamos é a palestra *Como não ser ignorante sobre o mundo*:

ROSLING, H. Como não ser um ignorante sobre o mundo. **Ted**, jun. 2014. Disponível em: <https://www.ted.com/talks/hans_and_ola_rosling_how_not_to_be_ignorant_about_the_world?language=pt-br>. Acesso em: 26 jul. 2020.

Também recomendamos o seguinte documentário:

O PRAZER da estatística (Documentário-2010). **Documentários Revolução Científica**, 13 mar. 2013. Disponível em: <https://www.youtube.com/watch?v=xLr68J2yDJ8>. Acesso em: 26 jul. 2020.

Uma dúvida que pode surgir é: O deslocamento é sempre uma variação na quantidade demandada ou da própria demanda? A resposta é: Depende, pois há casos em que as variações nos fatores influenciam tanto uma variação na quantidade demandada (dentro da curva) quanto na própria demanda. Há casos em que ocorre primeiramente o deslocamento da curva de demanda e depois um ajuste do mercado para um preço abaixo ou acima do anterior. Isso ocorre porque pode haver um lapso temporal para o ajuste.

Esperamos que agora você já seja capaz de explicar as três razões de a curva de demanda agregada ter inclinação negativa e identificar quais são os fatores que deslocam a curva.

## (2.7)
## OFERTA E DEMANDA AGREGADA: PARTE II

Primeiramente, temos de esclarecer o que *oferta* significa. Basicamente, esse conceito descreve a quantidade de um bem ou serviço que uma família, empresa ou país deseja vender. A curva de oferta, como explicitaremos adiante, descreve a quantidade do produto oferecida por determinado preço. A curva é obtida pela união dos diversos pontos de oferta.

Da mesma forma que na demanda, na curva de oferta, os preços são plotados no eixo vertical, e a quantidade oferecida, no eixo horizontal. Diferentemente da situação anterior, a curva geralmente apresenta inclinação para cima.

Por sua vez, a curva de oferta agregada informa qual é a oferta de bens e serviços da economia a um nível de preços específico. E diferentemente da curva de demanda agregada, que tem inclinação negativa, a curva de oferta apresenta uma inclinação que depende do horizonte analisado: se de longo prazo, a curva é vertical; se de curto prazo, a curva tem inclinação positiva.

Para analisar como será o comportamento das flutuações da economia, e como ela se comporta no curto e no longo prazos, é preciso examinar a curva de oferta agregada de longo prazo e de curto prazo. Iniciemos pela análise de longo prazo. Essencialmente, nesse caso, a curva de oferta está relacionada com o conceito de **produto potencial**, ou seja, o produto no longo prazo depende da oferta de trabalho, capital e tecnologia disponível. Como o nível de preços não afeta esses determinantes no longo prazo, a curva de oferta torna-se vertical, como mostra o Gráfico 2.3.

Gráfico 2.3 – Curva de oferta de longo prazo

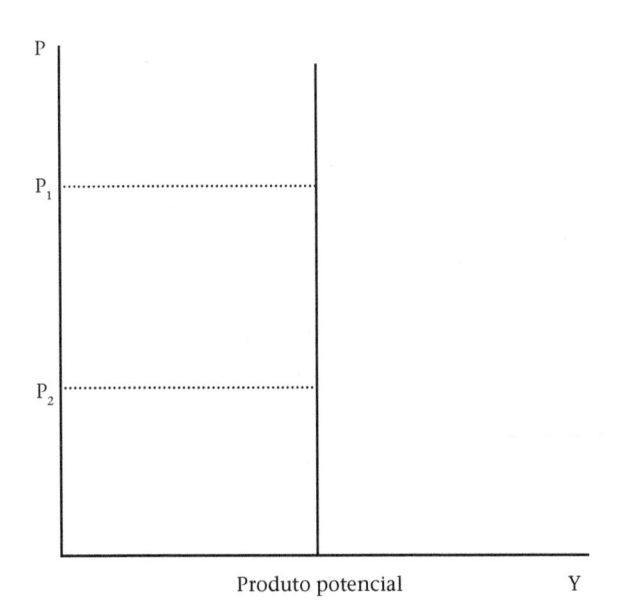

Fonte: Elaborado com base em Mankiw, 2009, p. 435.

Em suma, no longo prazo, o trabalho, o capital, os recursos naturais e a tecnologia são os fatores que determinam a quantidade ofertada de bens e serviços, independentemente do nível de preços. Essa determinação se fundamenta na teoria macroeconômica clássica, com foco na hipótese de que as variáveis reais não dependem das variáveis nominais.

O produto potencial, também chamado de *produto de pleno emprego*, indica a produção máxima que a economia pode alcançar se todos os fatores produtivos estiverem em plena utilização. É usual também designar o produto potencial por *taxa natural de produção*, pois é o nível de produção ao qual a economia tende a se aproximar no longo prazo.

As alterações nos quatro fatores (trabalho, capital, recursos naturais e tecnologia) deslocam a taxa natural de produção. Vejamos como cada um desses fatores pode deslocar a curva:

- **Trabalho** – Imagine que o país sofra uma fuga de mão de obra. Como resultado, a curva de oferta agregada seria deslocada para a esquerda. Ocorreria o mesmo se o governo facilitasse o acesso ao seguro-desemprego, diminuindo a oferta de mão de obra no mercado.
- **Capital** – Investimentos em máquinas e equipamentos e na qualificação da mão de obra aumentam a produtividade da economia, deslocando a curva de oferta para a direita.
- **Recursos naturais** – Uma descoberta de um novo depósito de minério de ferro desloca a curva de oferta agregada de longo prazo para a direita. Alterações climáticas que dificultem a agricultura deslocam a curva de oferta agregada de longo prazo para a esquerda.

- **Tecnologia** – Inovações tecnológicas, como o computador, permitem aumentar a produtividade e, por consequência, deslocam a oferta de produto para a direita.

Como informamos, a curva de oferta agregada vertical é relacionada com o longo prazo. Agora, precisamos explicar como ocorrem os desvios do produto natural no curto prazo. Para isso, analisaremos a curva de oferta agregada de curto prazo com inclinação positiva. O Gráfico 2.4 apresenta a curva de oferta agregada no curto prazo.

Gráfico 2.4 – Curva de oferta de curto prazo

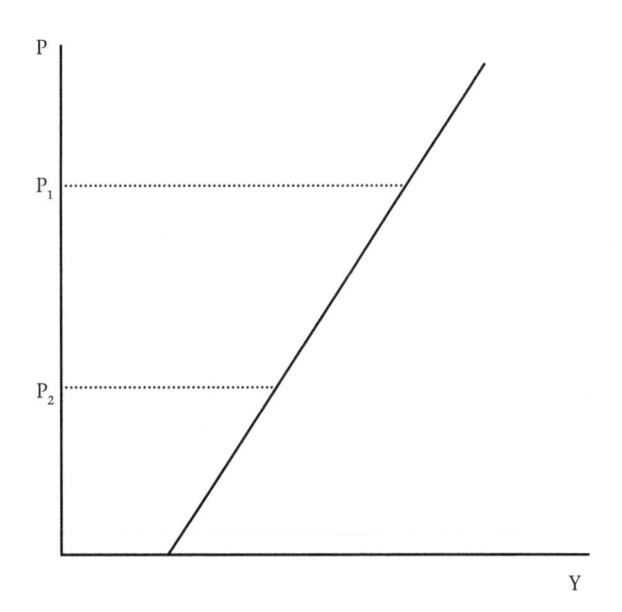

Fonte: Elaborado com base em Mankiw, 2009, p. 437.

Como você provavelmente percebeu, no curto prazo os preços influenciam as variáveis reais da economia; por isso, uma alta ou uma baixa dos preços aumenta ou diminui o produto da economia, levando a curva a uma inclinação positiva.

Basicamente, a quantidade ofertada se desvia do nível natural ou de longo prazo quando os preços se desviam do nível em que as pessoas esperavam que eles se mantivessem. Segundo Mankiw (2009), existem três fatores que motivam uma inclinação positiva, todos relacionados com imperfeições no mercado:

1. **Salários rígidos** – De acordo com essa teoria, os salários são "rígidos" ou de difícil alteração no curto prazo. Por exemplo, o contrato de trabalho é feito para algum período e alterado a cada 12 meses, não sendo revisto dia a dia. Essa rigidez pode ter várias explicações, como normas sociais e trabalhistas, sindicato e mobilidade da mão de obra. Imagine que uma empresa contratou 100 pessoas por um salário X, porém o preço do bem que ela produz caiu no mercado. Essa empresa não pode ajustar os salários imediatamente a essa nova realidade; a saída é, então, reduzir a produção para compensar a queda na lucratividade.

2. **Preços rígidos** – Outro motivo da inclinação da curva de oferta é a rigidez de preços. Como exemplo, podemos indicar os custos de menu, que são os custos de impressão e distribuição de novos catálogos quando ocorre uma alteração no preço de mercado dos produtos. Há situações em que a empresa opta por não imprimir

novos catálogos, pois os custos seriam maiores do que o ganho da variação de preço no mercado. Outro exemplo de rigidez ocorre quando uma indústria oferece aos clientes equipamentos eletrônicos vendidos sob encomenda; uma queda dos preços forçará a empresa a aceitar menos encomendas em razão da queda na taxa de lucratividade, considerando que existe o risco de os custos subirem até a entrega do produto final.

3. **Percepções equivocadas** – Como os agentes na economia geralmente não dispõem de todas as informações sobre o mercado, podem ocorrer percepções incorretas sobre alterações de preços. Por exemplo, o preço de um produto pode estar subindo, mas esse fato pode ser reflexo não de uma valorização ou maior demanda do produto, mas sim efeito da inflação que faz os preços de todos os produtos aumentarem. Em suma, podem haver modificações incorretas da produção em decorrência de uma percepção equivocada das alterações de preços.

Por fim, os deslocamentos na curva de oferta de curto prazo são resultado das mesmas alterações explicadas nos deslocamentos de longo prazo, ou seja, alterações na oferta de trabalho, no capital, nos recursos naturais e na tecnologia.

Agora, é recomendável agrupar os conhecimentos expressos até aqui para buscar a famosa condição de **equilíbrio**. Cabe mencionar que a oferta e a demanda operam juntas na determinação do preço de mercado. O Gráfico 2.5 agrupa as curvas para mostrar como isso acontece.

Gráfico 2.5 – Curva de oferta e demanda agregada

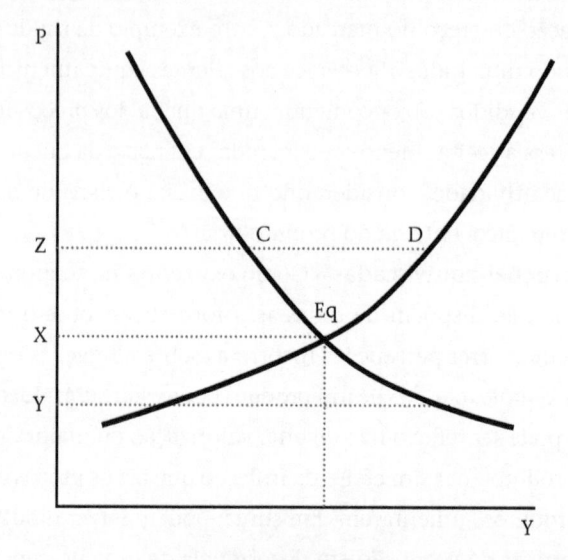

```
P
│
Z ··········           C        D
│                  Eq
X ··········
│
Y ··········
│
└─────────────────────────── Y
```

Fonte: Elaborado com base em Mankiw, 2009, p. 428.

Observe que é na interceptação das curvas que efetivamente se encontra o valor pago e recebido por determinado produto.

No ponto **Eq** estão os correspondentes preço de equilíbrio e quantidade de equilíbrio. Mas, afinal, o que o equilíbrio significa? Indica uma situação em que as forças para os vendedores e os compradores alterarem o resultado é nula, isto é, não existe incentivo para mudar. No entanto, podemos perguntar: Os compradores não querem sempre pagar o menor valor, e os vendedores, vender pelo maior valor? Essa disputa de forças entre vendedores e compradores é usualmente chamada de *leilão walrasiano*, que, consequentemente, encaminha os agentes para um preço na média.

Valores acima do equilíbrio, como nos pontos C e D, indicam um excesso de oferta. O ajuste para o equilíbrio ocorre da seguinte forma: quando os produtores observam no mercado que não conseguem vender tudo o que desejam pelo preço Z, alguns deles reduzem, aos poucos, o preço para retirar as vendas dos concorrentes. Esse processo tende a ser repetido pelos demais concorrentes até que o mercado atinja o equilíbrio de preço e quantidade.

Contudo, se o preço estiver abaixo do ponto X, digamos, em Y, há uma situação de excesso de demanda, isto é, o desejo de compra é maior do que a oferta dos produtores. O ajuste para o equilíbrio é feito assim: os consumidores, desejando mais do que há no mercado, se dispõem a pagar um pouco mais, e os demais consumidores, com medo de não conseguirem o produto, também se mostram dispostos a pagar mais.

Por causa dessas dinâmicas, os incentivos sempre se orientam para o mercado gravitar em torno do ponto de equilíbrio. Em economia, a dinâmica do ponto de equilíbrio recebe o nome de *lei da oferta e demanda*. Essa lei aponta que, quando um mercado está fora do equilíbrio, por alguma razão externa, há incentivos, bem previsíveis, que fazem o preço e a quantidade se deslocarem para um equilíbrio.

Por que esse modelo é extremamente importante? Embora seja simples, ele se mostra útil para explicar o motivo de o preço de certa mercadoria ser mais alto, e o de outra, mais baixo. Além disso, é útil para prever as consequências de algumas mudanças, tais como a interferência do governo em certas áreas econômicas. Diante disso, apesar da simplicidade, o modelo possibilita certas previsões.

## (2.8)
## INFLAÇÃO E SEUS EFEITOS

Depois de termos apresentado o modelo de oferta e demanda agregada, discutiremos a respeito da inflação, um tema fundamental principalmente se levarmos em conta o atual contexto brasileiro. Para tomar decisões conscientes, todos os atores econômicos precisam de previsões de inflação seguras, não somente para o ano corrente, e sim por anos no futuro. Discutiremos o conceito de inflação, as forças que geram esse movimento, os principais índices utilizados e os efeitos, sobretudo no emprego.

Inicialmente, a inflação deve ser entendida como um aumento contínuo e generalizado no nível de preços, ou seja, significa que o dinheiro está perdendo valor. Destacamos nesse conceito a característica de ser um processo generalizado, isto é, para se afirmar que há inflação, todos os produtos – ou pelo menos um segmento – devem sofrer um aumento de preço consistente; isso significa que não se caracteriza como inflação uma situação em que somente o preço do produto da empresa X subiu.

Outro ponto importante que devemos salientar é a diferença entre os conceitos de *taxa de inflação* e de *fenômeno da inflação*. Podem parecer a mesma coisa, mas o primeiro se refere somente à medição do grau de variação do nível geral de preços, comumente realizada mês a mês, ao passo que o segundo consiste em um aumento geral e persistente do nível de preços em determinada economia.

Portanto, uma taxa positiva de inflação não é condição suficiente para caracterizar um fenômeno inflacionário. A deflagração de fenômeno da inflação supõe um **aumento geral** (na maioria dos produtos e serviços) e **persistente** (por um período considerável de meses ou anos). Acrescentamos que, para ser caracterizado como fenômeno, o nível da taxa de inflação deve apresentar valores relativamente significantes, isto é, anos seguidos de uma inflação considerada preocupante.

Relacionaremos, agora, os fatores desencadeadores da inflação. Antes disso, porém, devemos esclarecer que essa determinação raramente é simples ou definitiva. Usualmente, a origem de um processo inflacionário é uma das questões mais controversas entre os economistas. Entretanto, ao analisarmos a história, identificamos razões que costumam estar relacionadas às causas desse processo.

Os fatores causadores estão divididos em dois grupos: 1) fatores relacionados à demanda, 2) fatores relacionados à oferta. Da mesma forma que na seção anterior, na qual analisamos as curvas de demanda e oferta, analisaremos, primeiramente, os fatores causadores pelo lado da demanda, depois, passaremos para os fatores desencadeadores pelo lado da oferta.

Iniciamos, então, com os fatores relacionados à inflação por demanda, que ocorre quando alguma condição pressiona positivamente a demanda agregada em tal magnitude que supera a capacidade imediata de produção de uma economia, o que, por sua vez, pressiona os preços. Basicamente, seria uma situação em que, por exemplo, em determinada economia, ocorreu um aumento na disponibilidade de moeda pelos moradores, o que provocou uma disparada na demanda por novos produtos; como os produtores não tiveram tempo de se adaptar à demanda, a consequência imediata foi uma escassez dos produtos e um aumento dos preços.

Segundo Parkin (2003), a inflação de demanda ocorre por três fatores:

1. aumento na oferta de moeda;
2. crescimento nas compras governamentais;
3. elevação das exportações.

Esse tipo de inflação está diretamente relacionado com a capacidade de produção da economia, isto é, quando a economia está produzindo no pleno emprego dos fatores de produção – trabalho, capital, recursos naturais e tecnologia –, há uma pressão dos preços desses fatores quando surge algum causador de inflação. Por exemplo, com o aumento da demanda, os produtores tentam produzir mais; com isso, novos produtores tendem a se sentir pressionados a contratar novos funcionários ou pagar mais aos atuais; no fim, isso resulta em um aumento no nível de preços. O efeito sobre os demais fatores de produção também pode ocorrer, com pressão sobre capital, recursos naturais e tecnologia.

No combate à inflação de demanda geralmente são empregados mecanismos que reduzem os três fatores mencionados:

1. oferta de moeda;
2. compras governamentais;
3. elevação das exportações.

Entretanto, na prática, os países em desenvolvimento geralmente não estão operando em situação de pleno emprego; assim, a inflação de demanda explica melhor casos de aumento generalizado no nível de preços de determinado setor ou região.

Há, ainda, a inflação pelo viés da oferta, também conhecida como *inflação de custos*, conectada principalmente às alterações nos custos de produção. Essa elevação pode acontecer por aumento nos salários[6], encarecimento dos insumos – energia, água, insumos importados – ou novas regulações no mercado. Devemos destacar,

---

6  Lembre-se de que, nesse caso, os salários subiram, mas não por um aumento na demanda.

ainda, que certas alterações na inflação de oferta também podem estar relacionadas a alguma prática de manipulação de mercado, como cartel ou acordos de preço.

Analisemos, agora, o papel do governo na inflação. Esse ator pode agir tanto pelo lado da demanda quanto pelo viés da oferta. A seguir listamos as principais ações ou até omissões, por parte do governo, que podem provocar aumentos generalizados no nível de preços:

- **Elevação de impostos** – Um aumento dos impostos tende a ser incorporado total ou parcialmente nos preços dos bens e serviços finais e intermediários.

- **Preços administrados** – Diversos serviços sofrem interferência direta dos governos federal, estadual e municipal. Trata-se de serviços em que o preço não reage conforme a lei de oferta e demanda do mercado. Como exemplo podemos citar energia elétrica, pedágio, preços que seguem determinação de alguma agência reguladora – Agência Nacional de Saúde (ANS), Agência Nacional de Telecomunicações (Anatel) e Agência Nacional de Energia Elétrica (Aneel). Em diversos casos, o governo – por questões políticas – adia por muito tempo o reajuste dos preços; e, quando o reajuste é feito, os preços sofrem uma disparada.

- **Emissão de moeda** – Se o governo emite moeda para financiar seus gastos, prática conhecida como *senhoriagem*, essa iniciativa gera um aumento de moeda em posses de indivíduos e empresas, resultando na desvalorização do dinheiro.

- **Gastos públicos** – Isoladamente, os gastos públicos não causam alterações na inflação, pois fazem parte do papel e da prática do Estado. Entretanto, o problema ocorre quando há choque de gastos, situação em que determinado governo apresenta uma nova política, elevando demasiadamente os gastos, o que estimula a demanda global da economia. Se a oferta disponível de bens e serviços no mercado não é suficiente para atender à demanda, o ajuste é feito por meio da elevação dos preços.

Antes de apresentarmos os principais índices de inflação disponíveis, abordaremos uma questão metodológica importante. Embora a inflação seja teoricamente fácil de definir, a obtenção de um indicador de inflação perfeito é praticamente impossível do ponto de vista operacional. O que de fato acontece é a construção de um índice com base em amostras, cuja aderência à realidade sempre é discutível ou talvez considerada não ideal para determinada situação.

Como explicam Lopes e Rosseti (2002, p. 309), a maioria dos índices de preços incorre em três tipos de erros:

1. **Erros de fórmula** – Muitas vezes as alterações registradas na realidade não condizem com as séries tabuladas. Isso se deve à escolha da fórmula matemática. Algumas fórmulas consideram a quantidade no ano 0, outras, aquela no ano 1.
2. **Erros de amostragem** – Além de a amostra ser passível de erros no que se refere à pequena quantidade de observações registradas, pode haver reveses no levantamento de dados. Por exemplo, fazer uma pesquisa sobre aluguéis em uma cidade de 2 milhões

de habitantes e considerar apenas 50 imóveis similares, como no mesmo bairro ou com a mesma configuração.

3. **Erro de homogeneidade** – Manter na amostra somente produtos muito similares e que, portanto, estão sujeitos ao mesmo efeito inflacionário.

Aqui cabe uma ressalva, esses erros não têm correlação com um questionamento corriqueiro quando a taxa de inflação é divulgada: Por que a inflação percebida no cotidiano das famílias parece maior do que aquela divulgada na mídia? De fato, há um descompasso entre a percepção individual e o índice oficial. Essa diferença se justifica por dois motivos principais:

1. **Memória seletiva** – Os indivíduos percebem e lembram por mais tempo os preços que sobem, mas não prestam tanta atenção nos que caem;
2. **Inflação individual** – A pesquisa do índice de inflação é feita com base numa cesta de diversos produtos, e cada produto desses apresenta um peso, podendo haver uma diferença grande no peso daquele produto para o indivíduo quando comparado ao mensurado pelos institutos de pesquisa.

Cabe ainda observarmos que não há apenas um índice de inflação, mas vários, e cada qual é obtido por critérios próprios e tem objetivos específicos. Conhecê-los permite optar pelo índice mais condizente para cada análise. O Quadro 2.4 apresenta os principais índices de inflação.

Quadro 2.4 – Principais índices de inflação no Brasil

| | |
|---|---|
| Índice Nacional de Preços ao Consumidor Amplo (IPCA) | O IPCA mede a inflação de um conjunto de produtos e serviços comercializados no varejo, referente ao consumo pessoal das famílias cujo rendimento varia entre 1 e 40 salários-mínimos. As pesquisas são feitas nas regiões metropolitanas de: Rio de Janeiro, Porto Alegre, Belo Horizonte, Recife, São Paulo, Belém, Fortaleza, Salvador e Curitiba, além de Brasília e do município de Goiânia. Esse índice é medido pelo IBGE. |
| Índice Nacional de Preços ao Consumidor (INPC) | Abrange as famílias com rendimentos mensais compreendidos entre 1 e 6 salários-mínimos e cujo chefe é assalariado em sua ocupação principal e residente nas áreas urbanas das regiões pesquisadas. As coletas são feitas nas regiões metropolitanas de Belém, Fortaleza, Recife, Salvador, Belo Horizonte, Rio de Janeiro, São Paulo, Curitiba, Porto Alegre, Brasília e município de Goiânia. Esse índice é medido pelo IBGE. |
| Índice Geral de Preços – Mercado (IGP-M) | Índice medido pela Fundação Getulio Vargas (FGV) e utilizado para a correção de contratos de aluguel e como indexador de algumas tarifas, como as de energia elétrica. É calculado da mesma forma que o IGP-DI (Índice Geral de Preços – Disponibilidade Interna), com a diferença de que este tem o fechamento no dia 30 de cada mês, e o IGP-M, no dia 21. |
| Índice de Preços no Atacado (IPA) | O propósito desse índice é medir o ritmo evolutivo de preços praticados no comércio atacadista, ou seja, que antecedem as vendas no varejo. Esse índice é medido pela FGV. |
| Índice Nacional do Custo de Construção (INCC) | Apura a evolução dos custos no setor da construção, um dos termômetros do nível de atividade da economia. Atualmente, a coleta é feita em sete capitais: São Paulo, Rio de Janeiro, Belo Horizonte, Salvador, Recife, Porto Alegre e Brasília. Esse índice é medido pela FGV. |

*(continua)*

*(Quadro 2.4 – conclusão)*

| | |
|---|---|
| Índice de Preços ao Consumidor (IPC) | Mede a variação de preços de um conjunto fixo de bens e serviços componentes de despesas habituais de famílias com nível de renda situado entre 1 e 33 salários-mínimos mensais. A pesquisa de preços desse índice, medido pela FGV, desenvolve-se diariamente. Atualmente, a coleta é feita em sete capitais: São Paulo, Rio de Janeiro, Belo Horizonte, Salvador, Recife, Porto Alegre e Brasília. |
| Índice Geral de Preços – Disponibilidade Interna (IGP-DI) | A finalidade desse índice é medir o comportamento de preços em geral da economia brasileira. É uma média aritmética, ponderada dos índices IPA, IPC e INCC. DI, ou disponibilidade interna, é a consideração das variações de preços que afetam diretamente as atividades econômicas localizadas no território brasileiro. Não são consideradas as variações de preços dos produtos exportados. Esse índice é medido pela FGV. |

A respeito dos efeitos da inflação sobre outros fatores na economia, podemos destacar a relação entre as taxas de inflação e o nível do emprego. De maneira geral, a procura persistente por crescimento no nível de emprego induz a aumentos nominais da renda e não reais; por outro lado, a tentativa de manter um nível baixo de inflação aumenta o nível de desemprego.

A relação histórica entre as taxas de desemprego e as variações no nível geral de preços foi proposta, em 1958, pelo economista inglês A. W. Phillips, que tomou como base as observações feitas considerando-se os salários e o nível de desemprego no Reino Unido. Em síntese, a conclusão de Phillips é que existe uma relação inversa não linear entre os níveis de emprego e as taxas de inflação.

Gráfico 2.6 – Exemplo de curva de Phillips de curto prazo

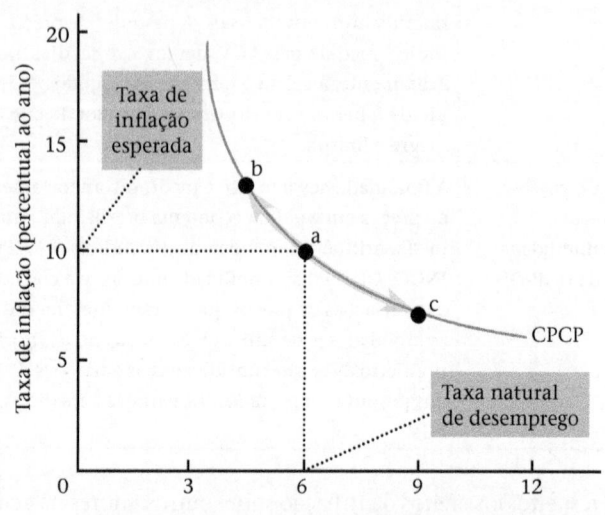

[Gráfico: eixo vertical "Taxa de inflação (percentual ao ano)" de 0 a 20; eixo horizontal "Taxa de desemprego (porcentagem da força de trabalho)" de 0 a 12. Curva CPCP decrescente passando pelos pontos b (≈5, 13), a (6, 10) e c (≈9, 7). Indicações: "Taxa de inflação esperada" e "Taxa natural de desemprego".]

Fonte: Parkin, 2003, p. 366.

No Gráfico 2.6, a taxa de desemprego é mostrada no eixo horizontal, e a inflação, no eixo vertical. A curva corta o eixo horizontal no ponto correspondente à taxa de desemprego natural da economia. É provável que você tenha notado que, se estamos nos referindo ao desemprego natural, ele deve estar relacionado com o desemprego de longo prazo e, portanto, também com produto natural da economia.

O que a curva de Phillips implica? A primeira implicação é a de que tentativas de reduzir o desemprego para níveis inferiores à taxa natural de desemprego provocam elevações na taxa de inflação. Por outro lado, uma redução da taxa de inflação tem como custo social uma ampliação da taxa de desemprego.

Por que, então, ocorrem casos de inflação alta e desemprego alto? Quando os agentes passam por longos períodos de inflação, a tendência é que essa situação seja incorporada, isto é, que os agentes se acostumem a taxas maiores de inflação. Uma vez que estes se tornam "normais", a tendência é que o desemprego se aproxime do desemprego natural, mas em níveis maiores de inflação. Graficamente, isso pode ser representado por um deslocamento para a direita na curva de Phillips.

Em síntese, um crescimento da moeda (inflação) pode gerar um crescimento do produto, que acarreta uma diminuição no nível de desemprego; este, por sua vez, determina uma variação positiva na inflação (curva de Phillips).

## Para saber mais

Para conhecer mais sobre a história inflacionária e entender quão grave é o problema da inflação e quão difícil é sua reparação, assista ao seguinte documentário:

LABORATÓRIO Brasil – 15 anos do Real (Documentário).
Disponível em: <https://www.youtube.com/watch?v=W1y9M9Zyn7I>. Acesso em: 26 jul. 2020.

Veja as diferenças entre os índices de preços Laspeyres, Paasche e Fischer. Cada índice de inflação utiliza uma forma diferente de ponderação matemática de preço e quantidade.

IBGE – Instituto Brasileiro de Geografia e Estatística. Disponível em: <http://www.ibge.gov.br/home/estatistica/indicadores/precos/sinapi/indice.shtm>. Acesso em: 26 jun. 2020.

# Síntese

Finalizamos este capítulo sobre macroeconomia, de fato o mais longo do livro e com a maior quantidade de conceitos abordados; isso se deve ao fato de essa área da ciência econômica ser considerada por diversos economistas uma das principais, um conhecimento profundamente ligado à formação de um economista. De início, explicamos do que ela trata e qual é o objetivo da macroeconomia, bem como quem são os atores envolvidos (indivíduos, empresas, governo e setor externo) e em quais mercados eles atuam. Em seguida, discorremos sobre os principais agregados macroeconômicos – P, R, C, S, I, absorção e despesa – bem como os conceitos de contabilidade nacional, como a identidade entre produto, renda e despesa. Também abordamos o conceito de formação bruta de capital físico e como esse elemento se relaciona com o nível de investimento no país.

Apresentamos o sistema de contas nacionais, como é feito o cálculo do PIB e a diferença entre PIB real e nominal. Em seguida, passamos para um tema relativamente complexo, mas que revela muito da conjuntura brasileira, o BP. Informações sobre situação de BP, E, M, BR, entre outras, foram aqui clarificadas.

Na sequência, aprendemos sobre um importante modelo da economia, o modelo de oferta e demanda agregada, e os fatores que levam ao aumento ou à diminuição da demanda, como aumentos dos investimentos ou gastos do governo. Observamos também quando se atinge uma situação de equilíbrio e qual o resultado de preços acima ou abaixo do equilíbrio, decorrente de excesso de oferta ou excesso de demanda, respectivamente.

Por fim, detalhamos o que é inflação e quais são os diversos índices utilizados para auferi-la.

## Questões para revisão

1. Para qualquer investimento, é preciso saber diferenciar um rendimento real de um rendimento nominal. Denomina-se *rendimento real* aquele obtido após se eliminar o efeito da inflação, e rendimento nominal aquele com inflação embutida.

   Considerando os conceitos descritos, suponha que um capital de R$ 150 seja aplicado durante 1 ano, com promessa de rendimento real de 6% ao ano. Se ocorrer inflação de 10% no mesmo período, o ganho aparente ou nominal proporcionado por essa aplicação ao final do primeiro ano será de:

   a) 10%.
   b) 6%.
   c) 16,6%.
   d) 18%.
   e) 20%.

2. O Quadro 2.2, apresentado neste capítulo, mostra uma versão simplificada do BP de um país. O BP registra as transações entre países e, dependendo dos lançamentos contábeis, o país pode apresentar saldos negativos ou positivos em cada balanço ou no geral, afetando a VRI.

   Considerando essas informações, assinale a alternativa que lista três lançamentos que melhoram o saldo do BP:

   a) Aumento das exportações comerciais, contratação de seguros no exterior e turismo internacional das famílias nacionais.

b) Doação para um país em guerra civil, venda de seguros para o exterior, investimentos diretos no país.
c) Aumentos das importações, pagamento de empresa de serviços no exterior, recebimento de uma doação.
d) Envio de *royalties* e licenças, gastos em viagem no exterior, compra de *software* do exterior.
e) Aumento das exportações, redução das importações de manufaturas, recebimento de *royalties*.

3. Em economia, o BP é um instrumento da contabilidade nacional referente à descrição das relações comerciais de um país com o resto do mundo. Registra o total de dinheiro que entra e sai de um país, na forma de importações e exportações de produtos, serviços, capital financeiro, bem como transferências comerciais.

Conforme consta nas notas metodológicas do BCB (2002) sobre o BP, a conta que inclui os serviços financeiros, que compreende serviços bancários "tais como corretagens, comissões, tarifas por prestações de garantias e finanças, comissões e outros encargos acessórios sobre o endividamento externo" é a conta:

a) transferências unilaterais correntes.
b) de rendas.
c) de serviços.
d) de capital.
e) financeira.

4. As inovações tecnológicas provocaram um grande crescimento econômico em todos os setores; no agrícola, por exemplo, tecnologias empregadas em maquinários e adubos, bem como novos processos de trabalho contribuíram para uma significativa melhoria na produtividade e na rentabilidade no campo.

Considerando isso, redija um texto dissertativo sobre os seguintes aspectos:

a) defina fronteira de possibilidade de produção;
b) explique como a fronteira de possibilidade de produção se relaciona com a eficiência na economia.

5. Leia:

*Se todos os preços (bens, serviços, salários, lucros etc.) aumentassem uniformemente, não haveria problemas. O problema é que a inflação mexe nos preços relativos, e assim, dá ganhos para alguns e perdas para outros.*

*Quando a inflação é superior ao aumento de salários, por exemplo, há perda de poder de compra da população assalariada.* (G1 explica..., 2020)

Acerca dessas informações, redija um texto dissertativo em que:

a) conceitue inflação;
b) explique o motivo pelo qual a inflação afeta os salários.

**Questões para reflexão**

1. Quais seriam os benefícios para o PIB caso o governo estimulasse, por meio de redução de juros, a compra de imóveis usados? Pense sobre quais são os efeitos de venda de imóveis usados em relação à construção de novos.

2. Pesquise sobre a formação bruta de capital fixo no Brasil, nos últimos anos. Qual foi a tendência visualizada? Qual ativo teve maior crescimento? Qual ativo teve o menor crescimento ou queda?

3. Refletindo sobre o conceito de renda líquida enviada ao exterior, você considera que enviar dinheiro para o exterior pode ser negativo ou positivo para um país em desenvolvimento?

4. Como um país financia um eventual *deficit* em transações correntes? Como está a situação das transações correntes no Brasil nos últimos anos?

Capítulo 3
# Economia internacional

## Conteúdos do capítulo:

- Taxa de câmbio.
- Razões para o comércio internacional.
- Instrumentos de política comercial.
- Comércio de bens e balança comercial.
- Capitais estrangeiros no Brasil.
- Paridade do poder de compra.

## Após o estudo deste capítulo, você será capaz de:

1. explicar o que é taxa de câmbio e o que ela representa;
2. citar os motivos que levam os países a adotar o comércio internacional;
3. determinar os efeitos esperados pelo governo quando utilizados instrumentos de política comercial;
4. listar relações de causa e efeito na economia, tais como gastos, renda, exportações e balança comercial;
5. delimitar o que são os capitais externos, o Risco-país e o grau de investimento;
6. descrever o conceito e a função de paridade de poder de compra (PPC).

# (3.1)
# TAXA DE CÂMBIO

Em abril de 2011, cada dólar valia 1,56 reais. Isso permitiu que diversos brasileiros pudessem fazer a primeira viagem internacional, como também gastar bons volumes de dinheiro em compras. Entretanto, em 2015, houve uma drástica mudança, e o Brasil viu o dólar disparar aos 4 reais. Quais as razões econômicas que levaram as compras nos Estados Unidos a ficarem mais baratas? E por que mudaram em um segundo momento? Podemos afirmar que o saldo da balança comercial e as expectativas em relação à economia foram os principais fatores que motivaram essas mudanças na taxa de câmbio.

A taxa de câmbio, em uma definição simples, é o preço de uma moeda em termos de outra; sendo a moeda também um ativo, a taxa de câmbio representa o valor de um ativo em relação a outro. De modo semelhante, a taxa está intimamente relacionada às expectativas das pessoas. Se existe um otimismo com relação a determinado país, os valores dos ativos se valorizam; já em uma situação de pessimismo, ocorre o contrário.

A tendência é que cada país possua a própria moeda, na qual os preços dos bens e serviços são cotados – Argentina com o peso argentino, Índia com a rupia, Grã-Bretanha com a libra esterlina, por exemplo. No entanto, há exceções, como países que adotaram o dólar como moeda local, geralmente em razão de problemas no Balanço de pagamentos (BP), e países integrantes da União Europeia que adotaram uma moeda única.

Há duas formas de representação do câmbio:

- **Em termos indiretos** – Apresenta o preço da moeda nacional em termos da moeda estrangeira;

- **Em termos diretos** – Maneira usualmente adotada no Brasil, aponta o preço da moeda estrangeira em termos de reais (moeda nacional).

O que significa uma depreciação da taxa de câmbio? É, no caso do Brasil, uma depreciação do real em relação a uma moeda estrangeira, o que permite que o público nacional descubra que as exportações estão baratas e as importações estão mais caras. Dessa maneira, os preços relativos dos bens nacionais ficam depreciados em comparação com os bens estrangeiros.

Assim como qualquer outro ativo, o preço da moeda é determinado entre compradores e vendedores, que compram e vendem moeda estrangeira para negócios. O mercado no qual acontece o comércio de moeda internacional é denominado *mercado de câmbio*. Nesse ambiente, como explica Krugman e Obstfeld (2007), existem quatro principais participantes:

1. **Bancos comerciais** – Quase todas as transações internacionais com volumes elevados envolvem operações por meio de bancos comerciais de vários centros financeiros. Assim, a maioria das transações envolve os chamados *depósitos bancários*. Por exemplo, uma indústria local precisa pagar um fornecedor na Europa, devendo fazer o pagamento em euros. A indústria entra em contato com o setor de câmbio de um banco e solicita que seja feita essa transação; o valor será debitado da conta em reais, e o banco enviará a quantia para a conta do fornecedor europeu convertido em euros.
2. **Empresas** – São os agentes que utilizam o sistema financeiro para cumprir suas obrigações.
3. **Instituições financeiras não bancárias** – Agência de turismo, com autorização do banco central do país, que realizam operações de compra e venda de moeda relativas a viagens internacionais.

Também há uma autorização para realizar operações com vales postais internacionais, feitas pela Empresa Brasileira de Correios e Telegráfos (ECT).

4. **Bancos centrais** – Operam por meio de intervenções no mercado de câmbio; são os responsáveis por autorizar os agentes que podem participar do mercado de câmbio.

Os bancos de desenvolvimento, as agências de fomento, as sociedades de crédito, financiamento e investimento, as corretoras de câmbio ou de títulos e valores mobiliários podem ser autorizadas a realizar operações de forma limitada.

Outro ponto importante: Qual a diferença entre taxa de câmbio flutuante e taxa de cambio fixa?

A **taxa de câmbio flutuante** segue as alterações na demanda e oferta de moeda, sem intervenção do governo. Portanto, a característica de relevo desse regime de flutuação é que a taxa de câmbio é movida exclusivamente pelas forças de mercado. Alterações de demanda agregada são incorporadas rapidamente na taxa de câmbio.

Outra característica do câmbio flutuante é que ele funciona como um ajuste do BP quando há um desequilíbrio entre a demanda e a oferta de moeda estrangeira. Em outras palavras, um desequilíbrio geralmente ocorre quando a demanda de moeda estrangeira supera a oferta; logo, a diferença precisa ser coberta por alguma fonte de financiamento extra ou deve desaparecer por meio de ajuste da demanda. No câmbio flutuante, a mudança no valor de troca entre as moedas altera também os preços relativos entre os bens (nacional e estrangeiro), fato que torna os bens estrangeiros mais caros do que os nacionais, promovendo diminuição das importações e aumento das exportações, reequilibrando, assim, as contas externas.

Já a taxa de câmbio fixa é definida como uma paridade constante entre a moeda nacional e a estrangeira, usualmente definida por meio de uma decisão do governo. Diferentemente da forma anterior, aqui a diferença entre a demanda e a oferta de moeda estrangeira não é eliminada pelo mecanismo de preços (desvalorização cambial).

De maneira ideal, a correção do BP deve ocorrer de forma indireta, por meio de contração da demanda agregada, liberando bens nacionais para exportação e diminuindo a demanda de importados. Entretanto, na realidade, a taxa de câmbio é mantida por intervenção do banco central, que interfere oferecendo ao mercado a quantidade de moeda que estaria faltando, equilibrando, desse modo, a oferta com a demanda por moeda. Para que possa desempenhar esse papel, o banco central deve possuir um estoque suficiente de reservas em moeda estrangeira.

Entre esses dois modelos – taxa fixa e flutuante – há uma gama extensa de regimes intermediários, entre os quais os principais são: regime de câmbio ajustável; *crawling peg* (minidesvalorizações); bandas cambiais; sistema de zonas-alvo; *dirty floating* (flutuação suja).

Sobre esse assunto, caberia uma longa revisão teórica e histórica; contudo, nesse momento, apresentaremos os principais pontos de cada regime.

- **Regime de câmbio ajustável** – Trata-se de um regime de câmbio fixo, porém com ajustes constantes. O ajuste nesse câmbio ocorre quando os desequilíbrios no BP não são corrigidos por meio das demais políticas macroeconômicas.
- **Minidesvalorização, ou *crawling peg*** – Similar ao regime ajustável, com valorizações ou desvalorizações constantes e, em geral, obedece às regras de funcionamento. A regra pode ser implícita ou explícita, normalmente relacionada ao índice de inflação, isto

é, depois de a taxa de inflação atingir determinado valor acumulado, o câmbio é desvalorizado em certo valor.

- **Bandas de flutuação** – Podem ser caracterizadas como um sistema misto entre os dois extremos (fixo e flutuante). Nelas, o banco central permite que a taxa de câmbio oscile entre determinado intervalo, pelas forças no mercado, intervindo somente quando a taxa de câmbio atinge os limites – abaixo ou acima – do estipulado.
- **Zonas-alvo** – Há um intervalo de flutuação sem limites rígidos. Nesse regime, a autoridade monetária não divulga para o público quais são esses limites.
- **Flutuação suja ou *dirty floating*** – Sistema mais próximo da livre flutuação. Nesse modelo, o banco central intervém no mercado para evitar uma volatilidade excessiva. Os defensores desse regime cambial alegam que esse modelo é o mais adequado, para que empresas e indústrias nacionais sintam um impacto menor com um choque do câmbio, permitindo perspectivas mais estáveis para a economia.

Historicamente, o Brasil já utilizou diversos desses regimes cambiais. Por exemplo, entre 1961 e 1968, o país utilizou um sistema muito próximo do regime de câmbio ajustável. Entre 1968 e 1990, com algumas exceções decorrentes do elevado nível da inflação, o país utilizou o sistema de minidesvalorizações. Em 1990, com o início do Governo Collor, o Brasil passou do sistema de minidesvalorizações para o regime de taxa de câmbio flutuante com intervenções (flutuação suja), pelo menos até 1991. Apesar de o modelo de flutuação suja apresentar vantagem pela menor interferência política no câmbio, resultou em uma maior volatilidade da taxa de câmbio e uma menor vantagem para o setor exportador.

Em 1991, após a assinatura do Tratado de Assunção, para a constituição do Mercosul, o objetivo da equipe econômica era promover um ajuste externo por meio do aumento das exportações; com isso, o regime de taxas cambiais flutuantes se tornou muito semelhante ao sistema de minidesvalorizações. De 1994 até o começo de 1995, com a implantação do Plano Real, o câmbio passou por forte valorização, atingindo o valor histórico de R$ 0,829/US$ 1,00. Diante disso, além das fortes intervenções no Banco Central do Brasil (Bacen), no mercado cambial, foram implementadas diversas medidas administrativas para conter esse movimento de valorização.

Em 6 de março de 1995, em virtude do elevado *deficit* nas transações correntes, o governo brasileiro estabeleceu o regime de bandas cambiais, restringindo a flutuação do real em relação ao dólar entre R$ 0,86 e R$ 0,90; posteriormente, os limites passaram a ser R$ 0,88 e R$ 0,93.

Em janeiro de 1999, após uma grave crise econômica na Rússia[1], que gerou forte desconfiança nos mercados de países emergentes como o Brasil, juntamente ao baixo nível de reservas internacionais, o Bacen sofreu um forte movimento especulativo no mercado de câmbio, fazendo o governo flexibilizar a política cambial. Desde daquele momento até hoje, o Brasil vem adotando o sistema de flutuação suja.

Em suma, a taxa de câmbio representa o preço relativo de dois ativos em países diferentes. Saber qual produto tem um preço relativo melhor auxilia nas escolhas de insumos mais baratos.

---

1 Problemas referentes à transição de uma economia comunista para uma economia capitalista, com elevados índices de inflação e desemprego e queda nos preços das commodities, levaram a Rússia a uma situação insustentável no que diz respeito à dívida externa.

## (3.2)
## POR QUE O COMÉRCIO INTERNACIONAL OCORRE?

Nesta parte, abordaremos um aspecto mais teórico da economia: as teorias de bases no estudo da economia internacional. Primeiramente, a discussão focará os ganhos do comércio e, posteriormente, os fatos que determinam o padrão do comércio. Isto é, detalharemos o papel de cada país no comércio internacional e apontaremos o motivo de o Brasil exportar laranja e importar eletrônicos, por exemplo. É praticamente um consenso entre a população que o comércio internacional é vantajoso; quase ninguém considera razoável que a Noruega incentive a plantação de kiwi, deixando de importar esse produto do Chile, um país com características ambientais bem diferentes. Entretanto, não existe consenso entre os pesquisadores sobre qual é o nível de comércio que deve existir entre os países.

De maneira simplificada, afirma-se que há uma dicotomia entre aqueles que acreditam que o comércio internacional deve ser o mais livre possível e aqueles que desejam um comércio internacional restrito, visando proteger os trabalhadores locais. Analise, então, de que lado você estaria. Você acredita que o governo deveria tarifar os brinquedos advindos da China para proteger a indústria nacional de brinquedos?

Provavelmente, entre as suas respostas surgiu algo como: as indústrias chinesas produzem com uma mão de obra barata; portanto, não é justo com as indústrias brasileiras, afinal o governo deve proteger as indústrias nacionais. O inverso disso pode estar relacionado ao interesse do consumidor, pois há vantagem em obter produtos mais baratos; sendo assim, o governo não deve proteger a indústria nacional.

O primeiro modelo teórico que abordaremos, a teoria da **vantagem absoluta**, prediz que cada país sai ganhando no comércio internacional quando produz aquilo em que tem mais vantagens competitivas. A segunda teoria, das **vantagens comparativas**, demonstra que dois países podem comercializar para benefício mútuo, mesmo quando existe uma diferença de eficiência entre eles. Por fim, o terceiro modelo teórico, de **Heckscher-Ohlin**, conclui que o comércio propicia benefícios ao permitir que países exportem recursos que são localmente abundantes e importem bens escassos em suas regiões.

### 3.2.1 Teoria das vantagens absolutas

Essa teoria foi criada por Adam Smith, no final do século XVIII[2]. Krugman e Obstfeld (2007) afirmam que Smith defendia um sistema que visava o livre comércio, em que cada país deveria se especializar na produção de bens em que fosse mais eficaz. Vejamos um exemplo:

Imagine que, no Brasil, um trabalhador consegue produzir duas camisetas e cinco jaquetas por hora; e que, na Argentina, um trabalhador é capaz de produzir cinco camisetas e duas jaquetas por hora. Seguindo as contribuições teóricas de Adam Smith, a produção industrial brasileira deveria se especializar na produção de jaquetas, ao passo que a Argentina teria de focar na produção de camisetas. Desse modo, por exemplo, ao final de 4 horas de trabalho, no Brasil seriam produzidas 20 jaquetas, e na Argentina, 20 camisetas, totalizando 40 peças. Entretanto, imagine que cada país desejasse produzir jaquetas e camisetas, sem fazer as trocas pelo comércio internacional. Nesse caso, em 4 horas de trabalho no Brasil, seriam produzidas

---

2   As principais contribuições teóricas do modelo das vantagens absolutas vieram da obra A riqueza das nações (1776), publicada em cinco volumes (Smith, 1985).

4 camisetas e 10 jaquetas, e na Argentina, 10 camisetas e 4 jaquetas. Por fim, as duas economias produziram apenas 28 peças de roupa, ou seja, haveria uma redução relativamente grande na produção.

### 3.2.2 TEORIA DAS VANTAGENS COMPARATIVAS

Na teoria das vantagens comparativas, originalmente elaborada pelo economista inglês David Ricardo, no início do século XIX[3], o país deve produzir aquilo em que é mais eficiente, e não somente mais eficaz (Gonçalves et al., 1998). Para exemplificar, considere novamente dois países (Brasil e Inglaterra). No Brasil, um trabalhador consegue produzir 2 camisetas e 3 bolsas por hora. Na Inglaterra, porém, um trabalhador consegue produzir 8 camisetas ou 4 bolsas por hora. Nessa situação, a Inglaterra se mostra mais eficiente na produção dos dois bens. Portanto, valeria a pena a comercialização entre os dois países? Segundo a referida teoria, sim. Todavia, nesse caso, a Inglaterra deveria se especializar na produção de camisetas, pois apresenta vantagem comparativa nesse quesito. O Brasil, nesse exemplo, deveria se especializar na produção de bolsas.

Para tornar o exemplo ainda mais claro, vale conferir qual seria o montante produzido em cada país com comércio e sem comércio internacional.

- Inglaterra em 4 horas de trabalho = 32 camisetas (se especializando) ou 16 camisetas e 8 bolsas (sem participar do comércio internacional).
- Brasil em 4 horas de trabalho = 12 bolsas (se especializando) ou 4 camisetas e 6 bolsas (caso opte por não participar do comércio internacional).

---

3 A referência clássica é o livro de David Ricardo, Princípios de economia política e de tributação, publicado pela primeira vez em 1817 (Gonçalves et al., 1998).

Note que, mesmo o Brasil sendo menos eficiente do que a Inglaterra, ainda vale a pena o comércio internacional, pois cada país produzirá aquilo em que apresenta uma vantagem relativa.

Krugman e Obstfeld (2007) mencionam três ideias incorretas sobre o comércio internacional, as quais são frequentes nos debates econômicos:

1. "Acreditar que o comércio internacional é benéfico somente se o país é forte o suficiente para resistir à concorrência estrangeira" (Krugman; Obstfeld, 2007, p. 17). Entendendo a teoria, fica evidente que o comércio ocorre mesmo que o país apresente uma produtividade mais baixa em todos os produtos, sendo benéfico para ambos os países. O país que apresenta uma produtividade real mais baixa deve refletir isso também em salários relativos mais baixos. Esse reflexo nos leva ao segundo erro de interpretação.

2. "Acreditar que a concorrência estrangeira é injusta quando se baseia em salários baixos" (Krugman; Obstfeld, 2007, p. 17). Esse é um dos principais argumentos utilizados pelos defensores da indústria nacional; o inconveniente é que ele geralmente ignora que o comércio ocorrerá – pois o custo do produto no exterior é mais baixo – independentemente se relacionado à produtividade ou a baixos salários. O que importa ao nacional é produzir aquilo em que ele é relativamente melhor.

3. "Acreditar que o comércio internacional gera exploração de um país e dos trabalhadores que se submetem a um salário mais baixo" (Krugman; Obstfeld, 2007, p. 17). Há sim uma grande diferença de salários entre países; entretanto, essa afirmação parte de um raciocínio incorreto, de que há opção melhor para esses trabalhadores. O fato é que recusar o comércio com outros países leva o salário real para um patamar mais baixo.

Em resumo, esse modelo ricardiano apresenta duas principais implicações: 1) as diferenças de produtividade desempenham um papel importante para o comércio internacional; 2) as vantagens comparativas são as que importam, não as absolutas. Esse modelo apresenta uma descrição relativamente restrita da realidade. Apesar disso, ele permite explicar diversos aspectos significativos da especialização dos países no comércio internacional.

### 3.2.3 Teoria de Heckscher-Ohlin

Desenvolvida pelos economistas suecos Eli Heckscher e Bertil Ohlin, a teoria de Heckscher-Olin[4] enfatiza que mão de obra, terra, capital e recursos naturais são fatores determinantes para os bens produzidos. Como essa teoria destaca a relação entre as proporções em que os fatores de produção estão disponíveis e as proporções em que eles são utilizados na produção de diferentes bens, ela também é chamada de *teoria das proporções de fatores* (Gonçalves et al., 1998).

Agora, suponha que o Brasil tem uma relação mais alta de terra por trabalho, isto é, tem relativamente poucos trabalhadores por espaço territorial. Portugal, por seu turno, apresenta uma relação maior de trabalho por terra. Portanto, o Brasil é definido como *terra abundante*, e Portugal, como *trabalho abundante*.

Em um país, quando destacada a produção de bens, a produção de alimentos é definida como *terra intensiva*, pois demanda mais espaço territorial do que mão de obra. Por sua vez, bens manufaturados, como produção de tecidos, são definidos como *trabalho intensivo*, porque necessitam mais mão de obra do que de espaço territorial.

---

4   Os princípios dessa teoria foram formulados por Eli Heckscher, em 1919, e posteriormente desenvolvidos por seu ex-aluno Bertil Ohlin, em 1933. Por isso, essa teoria passou a ser conhecida como teoria de Heckscher-Ohlin (Gonçalves et al., 1998).

A Teoria de Heckscher-Ohlin conclui que os países tendem a exportar bens cuja produção é intensiva em fatores abundantes; assim, por mais que Portugal seja muito eficiente na produção de bens alimentícios, dificilmente produzirá soja – o que demanda que o país seja *terra intensivo* – por causa da baixa oferta de terras.

É necessário ponderar que os benefícios do comércio internacional não se limitam ao comércio de bens tangíveis. A migração de pessoas – troca de trabalho por bens – e os empréstimos internacionais – troca de capital por bens – são formas de comércio mutuamente benéficas.

Deve ficar claro que o comércio internacional geralmente se mostra vantajoso, pois empresas e indústrias podem optar por fornecedores, tanto de bens quanto de serviços, mais baratos e eficientes do que quando consideram somente os nacionais.

## (3.3)
## INSTRUMENTOS DE POLÍTICA COMERCIAL

Nesta seção, examinaremos as principais políticas que os governos utilizam no comércio internacional e os efeitos delas, como impostos sobre movimentações comerciais, subsídios e limite de compra de importados. Ao fim, explicitaremos os efeitos dessas políticas sobre a economia. Além disso, será possível responder quem se beneficia e quem perde com uma cota de importação, fato importantíssimo para qualquer empresa.

Antes de começarmos a detalhar como funciona cada política comercial, adotemos um pressuposto: a demanda mundial de produtos e serviços é igual à oferta mundial de bens e serviços, portanto:

demanda mundial = oferta mundial

Esse pressuposto indica que a demanda por importações é o excesso do que os consumidores locais demandam acima da oferta dos produtores locais; já a oferta de exportações do estrangeiro é o excesso de produção no estrangeiro que não é absorvida pelos consumidores daquele país. Há, no Gráfico 3.1, a representação de uma curva de oferta (On) e demanda (Dn) de um país.

Gráfico 3.1 – Oferta e demanda agregada

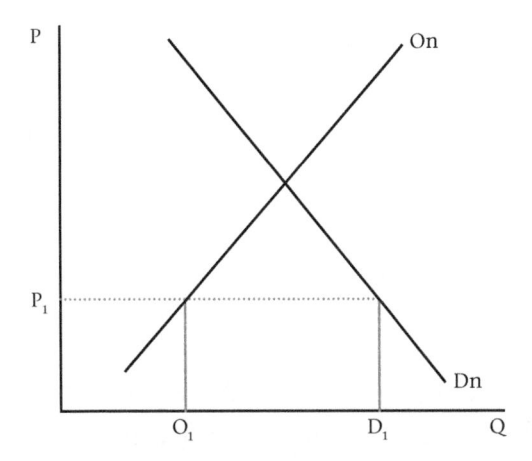

Observando o gráfico, percebe-se que, ao preço P1, os consumidores do nacional demandam $D_1$, enquanto os produtores do nacional ofertam apenas $O_1$, ficando claro que toda a demanda não é atendida e, desse modo, resta um *deficit* de produtos na ordem de $D_1$ menos $O_1$. Essa diferença tende a ser atendida pelos produtores estrangeiros.

Um ponto importante aqui é que o preço do produto é dado pelo mercado; portanto, os produtores não têm forças para influenciar de maneira direta o preço de mercado.

Podemos passar agora para a análise das tarifas, o instrumento mais simples de política comercial. Como explica Krugman e Obstfeld (2007), a tarifa é basicamente um tipo de imposto cobrado quando um bem é importado ou exportado. Em geral, há dois tipos de tarifas no comércio internacional de bens:

1. **Tarifa específica** – Cobrada como um valor fixo para cada unidade importada. Por exemplo, 10 reais por cada par de óculos importado.
2. **Tarifa *ad valorem*** – Cobrada sobre uma fração do valor dos bens. Por exemplo, uma tarifa de 20% sobre cada carro importado.

Em geral, os governos utilizam as tarifas por dois motivos principais: 1) como fonte de receita; 2) para proteger determinados setores da economia doméstica. A importância das tarifas diminuiu ao longo do tempo, e atualmente é comum também os governos adotarem barreiras não tarifárias, como restrições à exportação (muitas vezes impostas pela Organização Mundial do Comércio – OMC) e cotas de importação (limitações à quantidade de importações).

Agora, discorreremos sobre o efeito da implantação de uma tarifa específica. Para tanto, utilizaremos gráficos para clarificar essas noções.

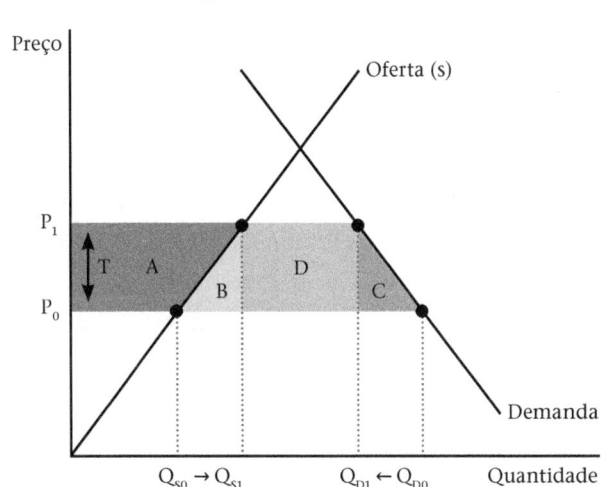

Gráfico 3.2 – Efeito de uma aplicação de tarifa no mercado local

[Gráfico: eixo vertical "Preço" com $P_0$ e $P_1$; eixo horizontal "Quantidade" com $Q_{S0} \rightarrow Q_{S1}$ e $Q_{D1} \leftarrow Q_{D0}$; curvas de Oferta (s) e Demanda; áreas A, B, C, D e tarifa T indicadas.]

Fonte: Krugman; Obstfeld, 2007, p. 142.

O Gráfico 3.2 ilustra os efeitos de uma tarifa específica sobre o mercado de certo produto. Podemos observar a curva de demanda e de oferta desse bem e, na ausência de tarifa, o preço seria igual a $P_0$ no mercado local. Como se observa, nesse nível de preço a oferta local ($Q_{S0}$) é bem inferior à demanda local ($Q_{D0}$).

Uma vez implementada a tarifa (T), o preço no mercado local sobe para $P_1$; nesse nível de preço, os produtores locais ofertam mais, e os clientes demandam menos, fazendo diminuir o montante importado ($Q_{D1} - Q_{S1}$). A soma das áreas A, B, C e D representam a perda de bem-estar dos consumidores.

Você se recorda dos dois motivos para a implantação de tarifa? Um deles é a proteção do produtor local, o outro, o ganho de receita do governo. Esta é representada pela área D, que basicamente é a tarifa (T) multiplicada pelo montante importado ($Q_{D1} - Q_{S1}$).

É provável que você tenha notado outra consequência da tarifação do bem, o ganho do produtor doméstico. Eis aí uma razão para este ser um instrumento muito utilizado na "defesa" da indústria local: ele representa um maior nível de produção local. A área A representa o ganho dos produtores locais com implementação da tarifa.

Existe uma longa discussão entre os economistas sobre os efeitos da tarifa de importação para a indústria: de um lado, há os que justificam a implantação da tarifa pelos ganhos de emprego e desenvolvimento da indústria; de outro, há economistas que argumentam que isso não gera ganhos de longo prazo, por se tratar de uma industrialização "artificial", em que, uma vez retirada a tarifa, a indústria retorna para o ponto inicial.

Em suma, o custo líquido de uma tarifa é: perda do consumidor menos o ganho do produtor menos a receita do governo.

Uma vez entendido o funcionamento das tarifas, fica fácil compreender os outros instrumentos do comércio internacional. Um subsídio ao exportador é um repasse feito pelo governo a uma empresa ou um indivíduo que envia um bem para o exterior. Assim como a tarifa, o subsídio pode ser um valor fixo por unidade ou *ad valorem*.

O efeito de um subsídio à exportação é exatamente o oposto do efeito de uma tarifa. Para entender melhor essa questão, considere o gráfico a seguir:

Gráfico 3.3 – Efeito de uma aplicação de subsídio no mercado local

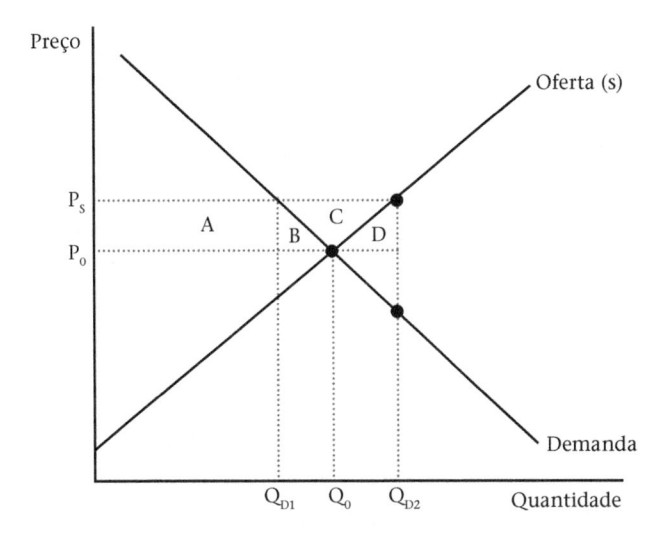

*Gráfico: eixo vertical Preço, eixo horizontal Quantidade; curva de Oferta (s) ascendente e curva de Demanda descendente; pontos $P_S$ e $P_0$ no eixo de preço; regiões A, B, C, D entre as curvas; quantidades $Q_{D1}$, $Q_0$, $Q_{D2}$ no eixo horizontal.*

Fonte: Krugman; Obstfeld, 2007, p. 148.

Nesse caso, o preço no país exportador aumenta de $P_0$ para $P_S$. No país exportador, os consumidores são prejudicados (A + B), os produtores ganham (A + B + C) e o governo perde porque gasta dinheiro com o subsídio (A + B + C + D). Note, portanto, como é custosa a implantação de subsídio.

Um ponto importante sobre os dois últimos gráficos é que estamos tratando de um país pequeno nas relações comerciais internacionais, ou seja, alterações na produção local do bem não afetam o preço mundial. Nesse caso, o tamanho do país não tem relação direta com a extensão de seu território nem com os números da população, mas com o peso da produção em relação ao total produzido mundialmente.

A produção mundial de tungstênio é um exemplo da influência que um país pode exercer no preço mundial. Dados do Departamento Nacional de Produção Mineral vinculado à Agência Nacional de Mineração (ANM) mostram que, em 2011, a China detinha 84% da produção mundial desse metal, enquanto o Brasil, somente 0,4% (Brasil, 2012a). Portanto, decisões pelo governo chinês de novas tarifas ou subsídios na produção de tungstênio tendem a afetar o preço mundial desse produto.

Em suma, no caso de um produto com pouca oferta e demanda no mercado internacional, havendo um país que domine relativamente seu consumo ou sua produção, deve ser considerada a possibilidade de que uma tarifa ou subsídio pode afetar o preço mundial do bem.

Partindo para outro instrumento de comércio internacional, abordamos, agora, as **cotas de importação**, definidas como uma restrição direta sobre a quantidade de algum bem que pode ser importado – uma limitação feita por via regulatória, definindo uma quantidade máxima que pode ser importada. A consequência é muito semelhante à da colocação de uma tarifa. A cota eleva o preço doméstico do bem importado, pois a oferta desse item é menor do que a demanda. As limitações afetam diretamente os produtores estrangeiros, que só poderão negociar até certo patamar. Com isso, os preços por eles ofertados sobem no mercado nacional ou doméstico para um equilíbrio acima do preço antes da existência da cota.

Uma diferença básica entre cota e tarifa é o efeito sobre a receita do governo. A **tarifa** beneficia a receita fiscal do governo com base no valor e quantidade importada. Entretanto, nas **cotas**, a soma que iria para o governo é capturada por quem recebe o direito ou as licenças de importação. Os detentores das licenças podem comprar os bens importados e revendê-los no mercado nacional por um preço mais alto. Usualmente, essas cotas de importação são concedidas para outros países e, por consequência, tornam-se uma transferência de receita para o exterior, uma vez que o país no exterior é que receberá a renda pelas licenças de importação.

> **Preste atenção!**
>
> Complementando esse assunto, como estão as cotas de importação no Brasil? Segundo dados do Sistemas de Comércio Exterior – Siscomex (Brasil, 2020d), entre 2018 e 2020, há pelo menos 67 acordos vigentes de cotas de importação envolvendo países como México e Estados Unidos.

Há um instrumento de política comercial que pode ser considerado uma variante da cota de importação, a **restrição voluntária à exportação (RVE)**, ou **acordo de restrição voluntária (ARV)**. Esse instrumento geralmente é imposto a pedido do importador, com acordo estabelecido com o exportador, muitas vezes passando ainda pela OMC. Sob o ponto de vista econômico, a cota e a RVE têm efeitos similares, com a receita da restrição indo para o governo do país exportador e os preços do bem sendo elevados no mercado do país importador.

Passemos, agora, para outros instrumentos que foram muito utilizados pelo governo brasileiro nos últimos anos. A regulação chamada de *necessidade de conteúdo local* exige que determinada fração de um bem seja produzida nacionalmente. Essa fração pode ser especificada em número de unidades físicas, como 60% dos fertilizantes consumidos devem ser produzidos nacionalmente, ou pode definir que uma parcela do bem seja feita nacionalmente. Esse tipo de instrumento se tornou muito popular em países em desenvolvimento, entre eles o Brasil, como uma tentativa de mudar a base manufatureira e gerar um processo industrial localmente nessas nações. Em 2011, a utilização desse instrumento dificultou a entrada no mercado nacional da empresa automobilística chinesa Jac Motors. Por meio do Decreto n. 7.567, de 15 de setembro de 2011 (Brasil, 2011)[5], o governo obrigou que, para os automóveis da marca serem vendidos nacionalmente, 65% do carro deveria ser composto de peças nacionais. O fato é que, após isso, o projeto da marca Jac Motors de conquistar o mercado brasileiro com um carro mais barato se tornou inviável.

Continuando com o caso brasileiro, do ponto de vista dos fabricantes nacionais de autopeças, essa regulamentação de conteúdo local funciona quase como uma tarifa à importação, pois amplia a demanda dos insumos nacionais, aumentando os preços das autopeças no mercado nacional. Para a empresa importadora de insumos –, nesse exemplo, a empresa Jac Motors –, o preço efetivo dos insumos seria a média ponderada dos insumos chineses e dos insumos brasileiros.

Um ponto importante desse instrumento comercial é que a necessidade de conteúdo local não produz receita para o governo e, em razão do aumento do valor médio dos insumos, o preço final do produto para o consumidor é maior.

Outro instrumento de política comercial, muito similar ao anterior, é a **aquisição nacional de bens**. Por meio de regulação, o governo determina que empresas nacionais, ou que as compras feitas pelo governo, privilegiem bens e serviços produzidos domesticamente,

---

5   Esse decreto foi revogado, sendo substituído pelo Decreto n. 7.819, de 3 de outubro de 2012 (Brasil, 2012a), que alterou algumas condições, mas manteve o objetivo de composição mínima de insumos nacionais pela indústria automotiva.

mesmo que custem mais do que os importados. Como exemplo, podemos citar as obrigações impostas para a empresa Petróleo Brasileiro S.A. (Petrobras) de priorizar a aquisição de bens e serviços nacionais antes de considerar a possibilidade de importá-los. Como resultado, a empresa é obrigada a pagar mais caro por esses bens.

Pelo lado financeiro, **subsídios de crédito à exportação** também podem ser considerados um instrumento de política comercial. Funciona de maneira similar ao subsídio à exportação, exceto por se tratar de fomento via crédito bancário, geralmente com taxas também subsidiadas. Durante os últimos anos, no Brasil, o Banco Nacional do Desenvolvimento (BNDES) foi o meio pelo qual o governo aplicou esse instrumento.

O último instrumento de política comercial é a **barreira burocrática**. Essa é uma prática, digamos, mais "desleal", pois o governo deseja limitar as importações, mas não pretende expor isso formalmente; a maneira de aplicá-la, então, é complicando normas sanitárias, de segurança e alfandegárias.

Esperamos ter esclarecido qual é o efeito de uma aplicação de tarifa ou subsídio no mercado interno, e explicado quem tende a sair ganhando ou perdendo com a política comercial governamental. Isso é de suma importância em uma análise de conjuntura, principalmente quando estiver prevista uma alteração de regulação ou tarifa em períodos próximos. Para facilitar a compreensão do assunto, apresentamos o Quadro 3.1, em que são compilados os principais efeitos dos instrumentos comerciais.

Quadro 3.1 – Efeitos dos principais instrumentos comerciais

|  | Tarifa | Subsídio à exportação | Cota de importação | Restrição voluntária à exportação |
|---|---|---|---|---|
| Excedente do produtor | Aumenta | Aumenta | Aumenta | Aumenta |
| Excedente do consumidor | Diminui | Diminui | Diminui | Diminui |
| Receita do governo | Aumenta | Diminui (via aumento de gastos) | Não muda | Não muda |
| Bem-estar nacional | Diminui para um país pequeno | Diminui | Diminui para um país pequeno | Diminui |

Fonte: Krugman; Obstfeld, 2007, p. 154.

## (3.4) Comércio de bens, equilíbrio de mercado e balança comercial

Nessa seção, versaremos a respeito dos efeitos do comércio de mercadorias sobre o nível de renda e a balança comercial. Algumas simplificações são tomadas aqui: consideramos que o nível de preços é dado, ou seja, que nenhum agente tem poder de mercado para mudar os preços, e a conta capital do BP não se altera.

Recordemos que, em uma economia aberta, um percentual do Produto Interno Bruto (PIB) é efeito da venda de bens e serviços para estrangeiros via exportação, e parte dos gastos dos residentes domésticos é consumida com bens e serviços do estrangeiro (importações).

Essa é uma parcela relativamente fácil de entender da teoria, pois quase nenhum bem ou serviço é produzido e consumido 100% no mesmo país.

Definimos os gastos de residentes domésticos como o total consumido, investido e gasto pelo governo: Gastos de residentes domésticos = C + I + G, sendo C = consumo; I = investimento; G = gastos do governo.

Por outro lado, os gastos com bens domésticos (GD) indicam o gasto total de residentes domésticos menos o gasto com importações mais exportações, isto é: gastos com bens domésticos = C + I + G + (X − M), sendo X = exportações; e M = importações.

Retomemos a identidade do PIB (Y), expressa no Capítulo 2.

$$Y = C + I + G + (X - M)$$

As exportações líquidas (NX = X − M) equivalem à diferença do valor das exportações (X) sobre as importações (M). As NX dependem da renda nacional (Y), da renda dos estrangeiros (Ye), que afeta a demanda externa por exportações, e da taxa de câmbio real (R). Portanto,

$$NX = f(Y, Ye, R)$$

De acordo com Dornbusch, Fischer e Startz (2011), a equação das NX em função de Y, Ye e R apresenta três conclusões importantes:

1. Um aumento de renda no exterior, com todo o resto mantendo-se igual, melhora a balança comercial do país de origem, elevando, portanto, a renda desse país. Esse fato sempre estimula os países a buscarem uma melhora na balança comercial.

2. Uma depreciação real do câmbio nacional melhora a balança comercial, elevando a demanda agregada. A demanda se desloca dos bens produzidos no exterior para os bens produzidos localmente.
3. Um aumento na renda nacional eleva o gasto com importações e piora a balança comercial.

Para ficar mais claro, sintetizamos tais conclusões no Quadro 3.2:

Quadro 3.2 – Efeitos de GD, Ye e R sobre a renda e a balança comercial

|  | Renda | Exportações líquidas |
|---|---|---|
| Aumento do gasto local (GD) | ↑ | ↓ |
| Aumento da renda no exterior (Ye) | ↑ | ↑ |
| Depreciação real do câmbio (R) | ↑ | ↑ |

Fonte: Elaborado com base em Dornbusch; Fischer; Startz, 2011.

O Quadro 3.2 resume os principais efeitos de diferentes perturbações sobre os níveis de renda e das exportações, e pode ser usado como referência na análise de conjuntura. Por exemplo, uma perspectiva de aumento do gasto local acarreta aumento da renda e queda das exportações líquidas. Caso o oposto ocorra, inverte-se o sentido dos efeitos; por exemplo, uma diminuição da renda no exterior resulta em queda na renda e nas exportações líquidas.

Salientamos um ponto importante: o efeito na renda e nas exportações líquidas depende, em parte, da chamada **propensão marginal a importar**, que mede a fração de moeda adicional gasta com importações, ou seja, o quanto de renda nova a pessoa está disposta a gastar com bens importados.

Analisemos um exemplo: imagine duas pessoas cuja renda passou de 5 mil reais para 10 mil reais. Uma delas tem propensão a importar 50% da renda adicional e a segunda, 25%, e no momento anterior nenhuma das pessoas tinha a possibilidade de gastar com bens importados. Portanto, no segundo momento, os gastos dos indivíduos com bens importados são de 2.500 e 1.250 reais, respectivamente. Se a propensão marginal a importar for maior, tanto o gasto local quanto a renda agregada serão menores.

Examinemos agora como seria uma política monetária fundamentada em alterações na taxa Selic (Sistema Especial de Liquidação e Custódia) – taxa de juros que remunera os títulos públicos – e como ela afeta o saldo no BP.

Quando a taxa de juros no Brasil é maior do que a do exterior (Lf), estrangeiros tendem a trazer ao país dinheiro para aproveitar os juros altos. Por exemplo, consideremos uma situação em que as taxas de juros dos títulos públicos dos Estados Unidos estão próximas de 0%, enquanto no Brasil passam de 5%, Qual desses países você consideraria um lugar melhor para aplicar seu dinheiro? Claramente o Brasil. Esse fluxo de dinheiro irá refletir sobre o BP que apresentará saldo positivo, ou *superavit*.

Esse fluxo de dinheiro, também chamado de *mobilidade de capitais*, é considerado perfeitamente móvel quando os detentores estão dispostos e são capazes de mover o capital financeiro entre fronteiras à procura do retorno mais alto, sem incorrer em grandes custos ou burocracia.

Esclarecemos, então, que as taxas de juros afetam os fluxos de capitais e o BP. Observe o Gráfico 3.4, que mostra o equilíbrio entre os juros e a renda. A linha Lf (taxa de juros no exterior) representa também a linha em que o BP tem resultado igual a zero. Quando os juros nacionais são iguais aos juros no exterior, o fluxo de entrada e saída de capital está em equilíbrio e com resultado líquido igual a zero.

Gráfico 3.4 – Equilíbrio entre juros e produto

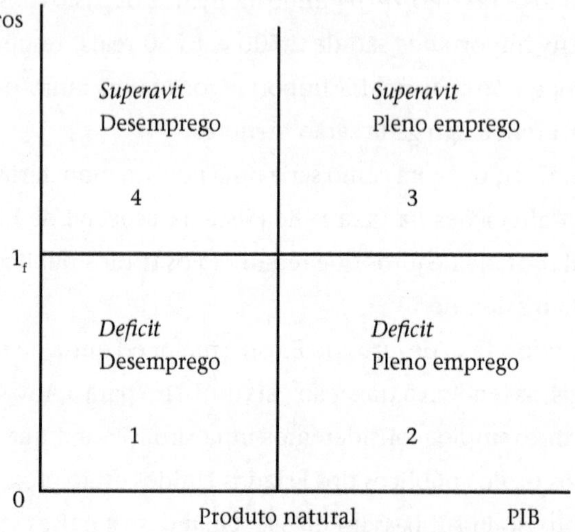

|  | Juros | | |
|---|---|---|---|
|  |  | Superavit Desemprego | Superavit Pleno emprego |
|  |  | 4 | 3 |
| $1_f$ |  |  |  |
|  |  | Deficit Desemprego | Deficit Pleno emprego |
|  |  | 1 | 2 |
| 0 |  | Produto natural | PIB |

Fonte: Dornbusch; Fischer; Startz, 2011, p. 298.

Portanto, juros maiores do que a Lf atraem dinheiro ao país, resultando em um *superavit* no BP. Quando os juros são mais baixos do que no exterior, há um *deficit* no BP.

Com relação ao emprego, políticas como as vistas anteriormente – aumento dos gastos locais, aumento do investimento, aumento na renda do exterior etc. – provocam deslocamento do produto natural da economia, levando ao pleno emprego, isto é, aos menores níveis possíveis de desemprego. Se os estímulos econômicos perdurarem por muito tempo, é possível que a economia atinja um nível de emprego acima do pleno emprego, mas essa situação levará, como já informamos ao apresentar a curva de Phillips (Seção 2.8), a uma pressão inflacionária.

Nesta seção, desejávamos mostrar que a política monetária e a política fiscal devem ser usadas simultaneamente com o objetivo de ser encontrado um equilíbrio externo e interno, assim como esclarecer alguns dos principais efeitos em uma economia aberta. Esperamos que você já se sinta capaz de explicar, por exemplo, qual é o efeito de um aumento dos gastos do governo sobre as exportações líquidas e o que uma diminuição dos juros pode causar na BP.

## (3.5)
## CAPITAIS ESTRANGEIROS NO BRASIL

Como já comentamos, por se tratar de uma economia aberta e muitas vezes apresentar saldo negativo nas transações correntes, o Brasil precisa da entrada de capitais estrangeiros para crescer e equilibrar o BP. A entrada desses capitais sempre desempenhou um papel importante; são exemplos históricos a construção das estradas de ferro pela São Paulo Railway, no final do século XIX, e a instalação do cabeamento elétrico nas principais capitais, pela Light & Power. Além disso, em 1950, o capital estrangeiro teve grande relevância na implantação da indústria automobilística. E, durante os anos 1970, em virtude da disponibilidade de petrodólares[6], o Brasil tomou capital sob a forma de empréstimos.

---

6 *Petrodólares são as receitas originárias da exportação de petróleo e que aumentaram substancialmente em razão do aumento do preço do barril de petróleo nos anos 1970. Os países exportadores desse produto, com a nova disponibilidade de divisas, tornaram-se os grandes fornecedores de crédito para o mundo.*

Entretanto, em 1982 e 1987, o país decretou moratória da dívida, e esse fato, somado a erros administrativos e econômicos, tornou o Brasil um ambiente hostil para o capital estrangeiro.

O Gráfico 3.5 apresenta os valores da conta financeira entre 1995 e 2018. Nota-se que, na maior parte do tempo, a conta financeira apresentou saldo negativo, atingindo o pior valor em 2014, quando este chegou a 100 bilhões de dólares, devido, principalmente, à crise internacional.

Observa-se que, entre o período de 1995 e 2007, houve uma fase de melhora para a conta financeira brasileira. Segundo Maia (2007), foram três as razões principais do retorno de capitais estrangeiros ao Brasil, desde 1992:

1. altas taxas de juros internos;
2. bom desempenho da bolsa de valores;
3. solução do problema da dívida externa.

Gráfico 3.5 – Saldo líquido anual da conta financeira do BP

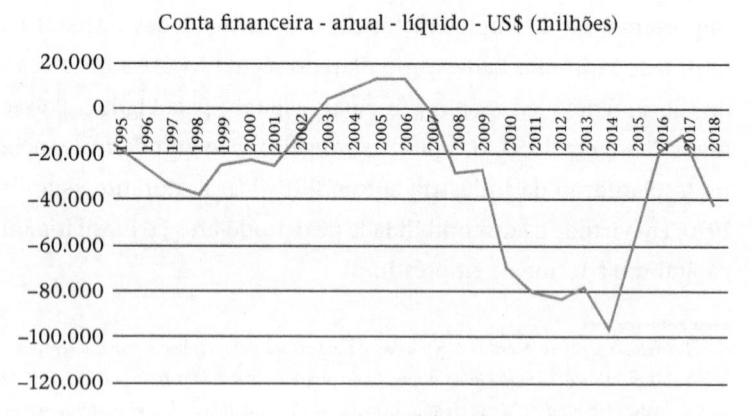

Fonte: Elaborado com base em BCB, 2020b.

Retomemos neste ponto da obra a Conta financeira e a Conta capital, destrinchando um pouco mais sua definição e observando os resultados apresentados pelo Brasil nos últimos anos. A Tabela 3.1 apresenta os resultados dessas contas para os anos de 2002, 2010 e 2018. É possível notar que a conta Investimentos diretos teve saldo negativo; isso se deve ao fato de que parte dessa conta depende de Investimento estrangeiro direto (IED), que tem natureza passiva na contabilidade[7]. Em 2018, o IED ficou em US$ 78,2 bilhões e o investimento direto no exterior ficou em aproximadamente US$ 2 bilhões. Por essa diferença, chega-se ao valor de US$ 76,1 registrado na conta Investimentos diretos.

Tabela 3.1 – BP do Brasil – fluxo de capitais (US$ milhões)

| Fluxo de investimentos | 2002 | 2010 | 2018 |
|---|---|---|---|
| **Conta financeira** | | | |
| Investimentos diretos | −14.108,10 | −55.626,90 | −76.138,00 |
| Investimentos em carteira | −5.118,6 | −66.913,0 | 6.860,7 |
| Derivativos | 356,2 | 112,1 | 2.753,5 |
| Outros investimentos | 173,3 | 3.77,6 | 21.174,4 |
| Total da Conta financeira | −8.157,90 | −69.949,60 | −42.421,80 |
| **Conta capital** | 79,3 | 242,1 | 439,7 |

Fonte: Elaborado com base em BCB, 2020b.

---

7 A conta IED, ou Investimento direto no país (IDP), tem natureza passiva, pois considera-se que os investimentos feitos pelos estrangeiros são ativos para eles, sendo, portanto, lançados na contabilidade brasileira como passivos.

Convém detalharmos a conta IED e a importância desse investimento. Como abordado na Seção 2.5, o IED está relacionado a quatro fatores principais:

1. investimentos de estrangeiros na criação ou ampliação da capacidade produtiva;
2. privatizações de empresas nacionais com a venda dos ativos para estrangeiros;
3. reinvestimentos dos rendimentos obtidos pelas empresas de capital estrangeiro que, em vez de serem remetidos para fora, permanecem no país e são reinvestidos;
4. empréstimos intercompanhias.

Com relação ao primeiro motivo, ele pode ser dividido em dois principais: 1) investimentos em integração vertical; 2) investimentos em integração horizontal. **Investimentos em integração vertical** ocorrem quando uma empresa adquire, inaugura ou expande a companhia para o exterior em uma integração anterior ou posterior à atual produção. Um exemplo disso é quando uma a empresa adquire uma fornecedora de insumos no exterior. Isso de fato aconteceu nos últimos anos quando diversas empresas chinesas investiram na extração de minerais na África.

Outra possibilidade de integração vertical é quando uma empresa, visando expandir o negócio, cria ou adquire uma rede de distribuição em outro país. Isso tende a diminuir a dependência dessa empresa perante a distribuição dos produtos em outro país e expandir as vendas com um menor custo. Um exemplo disso, no Brasil, foi a entrada da Amazon no mercado nacional, com seu sistema próprio de logística e entrega.

Já a **integração horizontal** é definida como uma expansão do atual sistema de negócio da empresa para outro país. Nesses casos, usualmente a empresa detém certo poder perante o mercado e deseja expandir seu mercado consumidor para outro país. Um exemplo é a expansão para a América Latina da empresa norte-americana de café Starbucks.

Um elemento comum desses investimentos é a relação de longo prazo com a economia nacional; logo, consiste em um investimento desejável para o crescimento da renda e do emprego. No entanto, por se tratar de uma relação de maior tempo, duas variáveis afetam diretamente o volume desses investimentos: 1) confiança na economia; e 2) taxa de risco. Quanto maior é a confiança na economia, maior é o investimento; e, quanto maior é o risco, menor é o investimento.

O principal índice de confiança do investidor direto estrangeiro é produzido anualmente pela consultoria Kearney[8]. Esse índice mensura as intenções futuras de investimento. Os resultados são obtidos em diversas entrevistas com diretores das maiores empresas do mundo com receitas acima de 500 milhões de dólares e responsáveis por parte significante dos investimentos globais.

Os diretores são perguntados sobre a probabilidade de fazer investimento em determinado país nos próximos três anos. As opções de resposta são: alta, média, baixa e sem interesse. Os dados são agregados e cada país recebe uma nota de 0 a 3; quanto mais próximo de 3, maior é o nível de confiança na economia do país, como também a probabilidade de esse país receber mais investimentos nos anos seguintes.

---

8   *No site da consultoria Kearney (2019) e pesquisando por "Foreign Direct Investment Confidence Index", é possível acessar o relatório completo.*

A cada ano é divulgada uma lista com os 25 países com maior nota. No relatório de 2019, o Brasil não apareceu nos resultados, evidenciando o baixo nível de confiança na economia do país nesse momento. Segundo o relatório da Kearney (2019), os principais fatores que são levados em conta pelos investidores no ambiente econômico são: sistema tributário; tecnologia e capacidade de inovação; transparência regulatória; baixa corrupção; e direitos de propriedades.

Um dos principais índices que indicam a desconfiança com a economia de algum país é o **Risco-país**, no caso brasileiro conhecido como *Risco-Brasil*. Esse índice foi criado e denominado Emerging Markets Bonds Index (EMBI) pelo banco americano J.P. Morgan, em 1992 (Belloque, 2008). Diferentemente do índice de confiança, o Risco-país não se fundamenta em opiniões de especialistas, mas somente no valor de mercado dos títulos públicos praticados em cada nação.

Vejamos, por exemplo, como é calculado o Risco-país. Imagine que um bônus da dívida externa, quando lançado no mercado, tinha o valor de US$ 1.000,00 e rendimento de juros de 4% ao ano (a.a.). Considere que, pela dinâmica do mercado e provavelmente por incertezas, o valor atual de mercado desse título da dívida esteja em U$ 800,00. Rende, portanto, US$ 40,00 sobre U$$ 800,00, ou seja, tem rendimento atual de 5% a.a. Ocorre que, na mesma ocasião, os títulos americanos estão rendendo 0,5% a.a. Portanto, a diferença de rendimento entre os títulos será de 4,5% a.a, ou 450 pontos básicos[9]; geralmente, quanto maior é essa diferença, maior é a desconfiança do investidor com relação ao país.

---

9   É usual a utilização no mercado de pontos, ou pontos básicos, em vez de pontos percentuais. A conversão é simples: cada 1% representa 100 pontos básicos.

Essa é uma forma de examinar como o mercado externo observa o risco do país. O maior valor já registrado para o Brasil foi de 2.443 pontos básicos, em 27 de setembro de 2002, com a possibilidade da eleição do ex-presidente Lula, considerado, na época, um risco por sua posição antimercado. E, em 2007, no segundo mandato de Lula, o Brasil atingiu 138 pontos, mostrando que o mercado considerava baixo o risco dos títulos da dívida.

Como você, leitor, certamente está ponderando, o Risco-país está intimamente atrelado ao risco político, oscilando muito com as trocas e com a postura do governo ante os credores externos. No conjunto da análise, há também o risco comercial atribuído a cada empresa, com uma natureza mais microeconômica. Visando mensurar tanto os riscos comerciais quanto os políticos, surgiram as agências de *rating*, as quais classificam os países e as empresas, atribuindo índices que orientam os investidores. As três principais agências de risco são a Moddy's, a Standard & Poor's e a Fitch.

A classificação de países e empresas como de baixo risco pelas agências de *rating* indica uma maior segurança para os investimentos, assim como menor risco de moratória ou de quebra (*default*). Em 2008, o *rating* do Brasil passou para o famoso **grau de investimento** ou nota A no código, o que proporcionou um bom fluxo de capitais externos para o país.

Chegando ao final desta seção, esperamos que você tenha compreendido o que são os capitais externos, como eles são classificados no BP e como são influenciados pela confiança e pelos riscos.

*Joaquim Israel Ribas Pereira*

## (3.6)
## PARIDADE DE PODER DE COMPRA

Uma dúvida muito comum na economia é saber qual será o comportamento de longo prazo da taxa de câmbio. Há a célebre frase do economista Edmar Bacha: "O câmbio foi inventado por Deus para humilhar os economistas. Nunca se sabe para onde ele vai" (Franco; Giambiagi, 2015, p. 31). De fato, há um conjunto complexo de fatores que influenciam o câmbio – inflação, taxa de juros, expectativas, oferta e demanda – e que tornam qualquer previsão bastante desafiadora.

Apresentaremos, aqui, um dos modelos mais utilizados para prever a taxa de câmbio no longo prazo, examinando também as razões que podem levar esse modelo a falhar, bem como os pontos a serem modificados para melhorar o resultado. A teoria da **paridade do poder de compra (PPC)** considera que os níveis nacionais de preço desempenham um papel fundamental na determinação dos valores relativos nos quais os produtos dos países são negociados.

Para entender os desdobramentos dessa teoria, precisamos inicialmente fundamentar a análise na **lei de preço único**. Essa lei afirma que, nos mercados competitivos (sem monopólios), livres de custos de transporte e outras barreiras (tarifas, burocracia), as mercadorias idênticas vendidas em diferentes países têm o mesmo valor quando convertidas para uma moeda. Por exemplo, com a taxa de câmbio de 1,50 real sobre dólar (R$/US$), uma camiseta de 10 dólares nos Estados Unidos deve custar 15 reais no Brasil.

A dinâmica da lei de preço único indica que, se o produto estiver valendo mais em algum lugar, os importadores teriam o incentivo de buscar no exterior o produto relativamente mais barato e ofertar no mercado interno até que os preços se igualassem nos dois locais.

Tendo esclarecido essa lei de preço único, podemos abordar a teoria da PPC, segundo a qual a taxa de câmbio entre as moedas de dois países é igual a razão entre os níveis de preço desses países. Por exemplo, Estados Unidos e Reino Unido apresentam uma taxa de câmbio dólar sobre libra esterlina (US\$/£\$) muito próxima de um para um; logo, de acordo com a PPC, a relação dos preços dos produtos é muito similar entre esses países.

Krugman e Obstfeld (2007) assinalam que a PPC prevê que um aumento no poder de compra nacional da moeda, refletindo da mesma forma um aumento geral no nível de preços, está associado a um aumento proporcional dessa mesma moeda no mercado de câmbio. Expressando isso em símbolos, encontramos a seguinte fórmula:

$$\text{Taxa de câmbio}_{R\$/US\$} = \frac{P_{Brasil}}{P_{EUA}}$$

Na equação, $P_{Brasil}$ equivale ao preço em reais de uma cesta de mercadorias vendida no Brasil, e $P_{EUA}$, ao preço em dólares da mesma cesta de mercadorias vendida no Estados Unidos. Se, por exemplo, a cesta de mercadorias de comparação fosse vendida no Brasil por 800 reais e por 200 dólares nos Estados Unidos, a PPC implicaria uma taxa de câmbio real/dólar de 4 reais por dólar.

Você provavelmente percebeu que há uma relação entre a lei de preço único e a PPC: na primeira, faz-se referência a somente um produto; na segunda, o foco é o nível geral de preços, que não deixa de ser uma média ponderada de todos os produtos disponíveis. Outro ponto é que, se a lei de preço único é válida para todas as mercadorias, por consequência, a PPC é igualmente válida. Por fim, o mecanismo de ajuste do preço único via importação e exportação também é válido para a PPC.

Da PPC, também chamada de *PPC absoluta*, a qual recai sobre os níveis gerais de preços, deriva a **PPC relativa**, segundo a qual as variações percentuais nos níveis de preços nacionais durante qualquer período são iguais às variações percentuais da taxa de câmbio. Conforme Krugman e Obstfeld (2007), essa teoria indica que os preços e as taxas de câmbio variam de modo a preservar a relação entre o poder de compra doméstico e o poder de compra estrangeiro de cada moeda.

Segundo a PPC relativa, qual é o efeito da inflação sobre a taxa de câmbio? Para responder a essa questão, valemo-nos de um exemplo: se o nível geral de preços no Brasil aumentar 10% durante o ano, ao passo que nos Estados Unidos os preços aumentarem somente 5%, a PPC relativa, nesse caso, prevê uma depreciação de 5% do real em relação ao dólar. A **depreciação do câmbio** cancela a diferença nos valores da inflação (10% e 5%), mantendo inalterado o poder de compra relativo das duas moedas.

A teoria da PPC permite também fazer inferências sobre como as taxas de câmbio e os fatores monetários – demanda e oferta de moeda – interagem no longo prazo. Nesse caso, não são observadas as variações no curto prazo, pois, para isso, seria necessário expandir o modelo para incluir situações de rigidez de preços e salários, como contratos, capacidade de produção, entre outros fatores. Portanto, no longo prazo, os níveis de preços domésticos são explicados pela demanda e oferta de moeda doméstica.

Tais inferências podem ser representadas mediante a seguinte equação:

$$P_{Brasil} = \frac{M^s_{Brasil}}{L(r, Y_{Brasil})}$$

Utilizamos o símbolo $M^s$ para representar a oferta de moeda do país. Como está em linha com o nível de preços ($P_{Brasil}$), essa variável indica que o crescimento da oferta de moeda gera um aumento do nível geral de preços. Já um acréscimo da demanda por moeda (L) implica uma diminuição do nível geral de preços da economia. Portanto, a demanda por moeda tem uma relação inversa com a taxa de juros (r), isto é, quando r sobe, L cai; ao passo que a renda nacional (Y) tem relação direta com a demanda por moeda, ou seja, quanto maior a renda, maior a demanda por moeda.

Qual é, afinal, a conclusão da abordagem monetária da taxa de câmbio? Em síntese, esse modelo prevê que os preços relativos das moedas de dois países (câmbio) sejam determinados no longo prazo pelas demandas e ofertas relativas de cada moeda. As mudanças nas taxas de juros e da produção nacional afetam de maneira indireta a taxa de câmbio.

A seguir, pormenorizamos algumas previsões que esse modelo é capaz de fornecer:

- **Oferta de moeda** – Permanecendo iguais as demais variáveis, um aumento da oferta de moeda nacional provoca uma depreciação proporcional de longo prazo da moeda nacional em relação à estrangeira. Para o inverso – diminuição da oferta de moeda –, obtém-se como consequência o inverso.

- **Taxas de juros** – Um aumento de r diminui L, elevando o nível de preço no longo prazo. Segundo a PPC, um maior nível de preços deprecia a moeda nacional em relação à moeda estrangeira. Se, por exemplo, houver um aumento da taxa de juros nos Estados Unidos, ocorrerá o inverso para o Brasil, causando uma apreciação do real frente ao dólar.
- **Níveis de produção** – Um aumento de Y provoca um aumento de L, resultando em uma queda no nível geral de preços locais de longo prazo. Segundo a PPC, haveria, nesse caso, uma valorização do real em relação ao dólar. Contrariamente, um aumento do nível de produção nos Estados Unidos resultaria em uma queda no nível americano de preços. De acordo com a PPC, esse movimento faria o real sofrer uma depreciação ante o dólar.

Alguns desses resultados podem parecer contraintuitivos; todavia, devemos lembrar que estamos tratando do longo prazo e que os ajustes entre o nível de preços e o câmbio são praticamente instantâneos.

Outro ponto em que podemos avançar na aplicação do modelo da PPC é sobre a inflação esperada. Como um aumento futuro ou esperado afeta a variação futura da taxa de câmbio? É de suma importância para uma análise de conjuntura refletir sobre os efeitos esperados. Para tanto, primeiramente, temos de determinar a condição de **paridade de juros**:

$$r_{Brasil} = r_{EUA} + \frac{TC^e_{R\$/US\$} - TC_{R\$/US\$}}{TC_{R\$/US\$}}$$

A paridade de juros informa que os retornos esperados em qualquer moeda são iguais, mantendo o mercado cambial estrangeiro em equilíbrio. O termo TCe representa a taxa de câmbio real/dólar esperada, e $r$, a taxa de juros no Brasil e nos Estados Unidos. Essa regra indica que os investidores examinam todos os ativos buscando os mesmos retornos e levando em consideração a oscilação do câmbio no futuro.

Analisemos um exemplo: se o retorno dos investimentos no Brasil for de 6% a.a., enquanto nos Estados Unidos for de 1% a.a., e se a depreciação do real em relação ao dólar for 5% a.a., a remuneração dos investimentos oferecerão a mesma taxa de retorno, e os participantes do mercado cambial manterão igualmente dólar e real em suas carteiras de investimento.

Se, por acaso, quando a depreciação é grande ou pequena demais, não fechar a igualdade de retorno das duas moedas, haverá um desequilíbrio no mercado. Pelo exemplo anterior, se não houvesse depreciação do real ou se a depreciação fosse menor do que 5%, haveria um grande fluxo de moeda para o Brasil buscando um retorno maior.

Reforçamos que a PPC relativa considera que a variação percentual da taxa de câmbio equivale à diferença das taxas de inflação ($\pi$), mesmo as esperadas nesse caso, isto é:

$$\frac{TC^e_{R\$/US\$} - TC_{R\$/US\$}}{TC_{R\$/US\$}} = \pi^e_{Brasil} - \pi^e_{EUA}$$

Substituindo essa fórmula na equação da paridade de juros, obtém-se:

$$r_{Brasil} - r_{EUA} = \pi^e_{Brasil} - \pi^e_{EUA}$$

Essa fórmula expressa que a diferença internacional de taxa de juros é igual à diferença entre as taxas nacionais de inflação esperada. Mantendo todo o resto constante, um aumento na taxa de inflação causará um acréscimo igual na taxa de juros que os depósitos de moeda no sistema financeiro oferecem. Essa relação de longo prazo em economia é chamada de *efeito Fischer*.

Relacionamos, na sequência, três fatores principais que levam a erros em uma análise simplificada pela PPC, conforme orientação de Krugman e Obstfeld (2007):

1. **Custos de transporte e barreiras comerciais** – O custo de transporte e/ou as barreiras podem ser altas o suficiente para impedir que alguns bens e serviços sejam negociados. A ausência de comércio torna inválida a análise via PPC.
2. **Presença de monopólio e oligopólio** – A presença de um monopólio ou oligopólio no mercado pode distorcer o preço do produto, gerando uma diferença entre o preço vigente e aquele que seria o preço "normal" de mercado. Essa distorção enfraquece a relação entre os preços de bens semelhantes vendidos em países diferentes.
3. **Dados de inflação** – Como os dados de inflação são baseados em diferentes cestas de consumo, não há razão para as mudanças na taxa de câmbio compensarem medidas oficiais de inflação.

Um índice que surgiu – quase como uma brincadeira[10] – para informar se as taxas de câmbio estavam desvalorizadas ou valorizadas foi o **Índice Big Mac**. Em 1986, a revista The Economist começou a publicar o preço de Big Macs de 41 países. Os resultados foram bem diferentes do esperado. Por mais que se trate de um produto

---

10 A ideia inicial era "brincar" com os economistas, criando um índice que remetia à PPC, mas de uma forma cômica, utilizando um simples sanduíche.

relativamente igual nos diversos países, havia desde o começo uma discrepância muito grande entre os preços. A primeira explicação para um Big Mac ser mais caro em um país do que em outro passa pela taxa de câmbio valorizada. Todavia, indo mais além, esse fato pode ser justificado pelas diferenças de custos salariais, de transporte e dos insumos, por exemplo (Krugman; Obstfeld, 2007)

Em resumo, nesta seção definimos PPC e esclarecemos como ela relaciona as taxas de câmbio e os níveis de preço de dois países. Também assinalamos que a fundamentação da PPC é dada pela lei de preço único, bem como pela PPC relativa, que indica que mudanças percentuais nas taxas de câmbio são iguais às diferenças nas taxas de inflação. Discorremos também sobre a abordagem monetária, que explica o comportamento de longo prazo do câmbio via oferta e demanda de moeda. Por fim, tratamos do efeito Fisher, que iguala as diferenças de taxas de juros e a variação da inflação esperada.

## Para saber mais

Para se aprofundar um pouco mais no debate econômico sobre o papel do governo no crescimento do comércio internacional, assista à palestra do economista Gustavo Franco sobre os modelos de substituição de importação na América Latina e o modelo de crescimento orientado para exportações na Ásia.

FRANCO, G. **Substituição de Importações (AL) versus Crescimento Orientado para Exportações (Ásia).** Palestra. Disponível em: <https://www.youtube.com/watch?v=JJRCHSmIYp8>. Acesso em: 27 jul. 2020.

## Síntese

Neste capítulo, analisamos o comércio internacional e sua importância para o crescimento dos países pelo viés econômico. Partimos do conceito de taxa de câmbio e dos principais regimes cambiais adotados por cada país. Na sequência, explicamos, por meio de três modelos – vantagens absolutas, vantagens comparativas e Hechscher-Ohlin –, o porquê de o comércio internacional acontecer.

Analisamos também os diversos instrumentos de política comercial – tarifas, subsídios, cotas de importação, entre outros – e quem são os beneficiados e os prejudicados por cada instrumento comercial. Abordamos, ainda, os efeitos do comércio sobre o nível de renda e sobre a balança comercial. Na sequência, explicamos o que são os capitais estrangeiros, contextualizando a situação dos fluxos no Brasil. Compreendemos o que é o Risco-país, bem como o índice de confiança do investidor estrangeiro. Por fim, versamos sobre o conceito de PPC e sobre como utilizá-lo para mensurar a taxa de câmbio de longo prazo.

## Questões para revisão

1. A prospecção de oportunidades de venda de novos produtos em mercados externos envolve diversas atividades que buscam um cenário favorável para investimentos. O que se deseja é identificar perspectivas de exportação, investimentos, regulação, parcerias, mercado consumidor, entre outras.

   Acerca dessas atividades de prospecção de oportunidades, redija um texto dissertativo mencionando:

a) itens que devem ser analisados antes de entrar em um novo mercado;

b) por que produtos diferenciados apresentam vantagens.

2. Leia o texto a seguir:

*A maioria dos economistas presentes ao evento, como Dante Sica, presidente da Abeceb, estão otimistas em relação a 2016. Macri insistiu em que a Argentina voltará a crescer depois de cinco anos de estagnação. "Os dados são contraditórios, metade bons e metade ruins, mas a tendência mostra que o pior já passou e que vários setores já começam a se recuperar. O Brasil é essencial. O ano que vem será bom", insiste Sica.* (Cué, 2016)

Como podemos notar, países próximos, como Brasil e Argentina, representam mercados importantes para a exportação de bens e serviços e constituem bases ideais de estabelecimento de atividades manufatureiras.

Acerca dessas informações, redija um texto dissertativo abordando:

a) a importância do comércio entre Brasil e Argentina;

b) os riscos para a política industrial brasileira.

3. Leia o texto a seguir:

*O dólar passa de R$ 4 e bate recordes de alta. Muitas pessoas acham que isso não as afeta, pois não ganham em dólar nem pretendem viajar para o exterior em breve. A verdade, porém, é que o dólar mais alto deixou o brasileiro mais pobre.*

*"O impacto da alta do dólar na vida das pessoas vai chegar a todos, inclusive à dona de casa", diz Edgar de Sá, economista-chefe da FN Capital.*

*Um dólar tão valorizado retrata uma economia que está em desequilíbrio, segundo o professor da Escola de Economia de São Paulo da FGV Clemens Nunes.* (Camargo, 2015)

Uma alta do dólar ante o real provoca alterações nas previsões para crescimento econômico, taxa de juros e inflação. Caso a moeda brasileira se desvalorize em relação à moeda americana, a taxa de câmbio beneficiará qual setor e por qual motivo?

a) O varejo, pois será mais barato importar bens de consumo.
b) O governo, pois arrecadará mais com tributos sobre bens exportados.
c) Os importadores, tendo em vista o câmbio mais favorável.
d) Os exportadores, considerando que os produtos brasileiros ficarão mais baratos para os estrangeiros.
e) O mercado interno, devido a maior quantidade de dólares no mercado.

4. Leia o texto a seguir:

*A vantagem comparativa reflete o custo de oportunidade relativa, isto é, a relação entre as quantidades de determinado bem que dois países precisam deixar de produzir para focar sua produção em outro bem. Segundo a teoria ricardiana, as vantagens comparativas, também denominadas vantagens relativas, são oriundas das diferenças de produtividade do trabalho para distintos bens. Ele [David Ricardo] as atribui às diferenças no clima e no ambiente de cada nação. Os países deveriam se especializar em bens nos quais tivessem vantagem comparativa, aumentando sua produção doméstica. Assim, a produção que não fosse vendida no mercado doméstico de um país deveria ser exportada. Os outros bens seriam adquiridos no mercado internacional a um preço menor que se tivessem sido produzidos internamente. Dessa forma, o comércio seria benéfico para todos [sociedade].* (Coutinho et al., 2005, p. 103)

Levando em consideração o texto citado, avalie as afirmações a seguir a respeito do comércio internacional.

I) O comércio internacional dificulta as divisões de trabalho.
II) As empresas nacionais desejam uma maior liberdade e abertura para importação de bens estrangeiros.
III) Uma abertura do país para o comércio internacional estimula a concorrência e oferece benefícios aos consumidores.
IV) O comércio internacional dificulta a criação de monopólios nacionais.

Estão corretas apenas as afirmativas:

a) I e II
b) II e III
c) III e IV
d) I, II e III
e) I, III e IV

5. Países próximos como Brasil e Argentina representam mercados importantes para a exportação de bens e serviços. Portanto, entender o efeito de barreiras alfandegárias é de suma importância na tomada de decisão. Com base nisso, assinale a opção que melhor define o que é uma barreira tarifária:
   a) É o tipo mais comum de barreira alfandegária, trata de tarifas de importações e taxas diversas. Alguns exemplos são o imposto de importação, as taxas alfandegárias e a valoração aduaneira.

b) É um apoio monetário concedido por um governo a uma entidade individual ou coletiva, no sentido de fomentar o desenvolvimento de determinada atividade dessa entidade.

c) É um acordo no âmbito da OMC que estabelece regras para a aplicação de medidas de salvaguarda, entendendo-se como tal as medidas previstas no Artigo XIX do Acordo Geral de Tarifas e Comércio.

d) É uma restrição temporária à quantidade de determinado produto importado.

e) É uma prática comercial que consiste em uma ou mais empresas de um país venderem produtos, mercadorias ou serviços por preços extraordinariamente abaixo do valor justo para outro país.

## Questões para reflexão

1. Alguns países protegem o mercado interno, como o Japão para a produção de arroz e os Estados Unidos para o mercado de navegação interna. Em sua opinião, quais são os benefícios e os malefícios desse tipo de política? Lembre-se de que sempre haverá, em qualquer política de defesa de mercado, ganhadores e perdedores, saiba identificá-los.

2. Alguns economistas defendem uma desvalorização do câmbio para melhorar a competitividade da indústria nacional. Em sua análise, isso é válido? Quais são os reflexos no curto e no longo prazos?

Capítulo 4
# Mercado financeiro

## Conteúdos do capítulo:

- Estrutura do mercado financeiro.
- Mercado de títulos públicos.
- Mercado de renda fixa.
- Mercado de ações.
- Mercado secundário de ações.
- Introdução à análise técnica de ações.

## Após o estudo deste capítulo, você será capaz de:

1. descrever a estrutura do sistema financeiro brasileiro;
2. explicar o que são títulos públicos e como são negociados;
3. comentar sobre mercado de renda fixa e quais são os principais produtos desse mercado;
4. detalhar o mercado de ações e a função desse mercado para as empresas;
5. descrever o mercado secundário de ações e as negociações na bolsa de valores;
6. iniciar análise técnica e gráfica de ações, percebendo movimentos de alta e baixa no mercado.

# (4.1)
# ORIGEM E ESTRUTURA
# DO MERCADO FINANCEIRO

Na origem, os mercados de negociação, geralmente localizados em pontos centrais das cidades onde produtores e consumidores realizam trocas de produtos, negociavam somente os excedentes de produção. Posteriormente, a evolução do sistema comercial estimulou o surgimento de um sistema bancário.

O sistema bancário deu vias à intermediação financeira, ou seja, trocas de valores entre os indivíduos, principalmente entre aqueles com reservas monetárias e os deficitários, isto é, aqueles sem liquidez para consumo e investimento. Segundo Lopes e Rosseti (2002), existem três importantes fenômenos que impulsionaram a intermediação financeira:

1. a superação de uma economia baseada no escambo;
2. a criação de bases institucionais para o funcionamento do mercado de intermediação financeira;
3. a existência de agentes econômicos (famílias, empresas) deficitários e superavitários, dispostos a buscar segurança e rentabilidade para a própria poupança e financiar os próprios investimentos.

Destacamos o terceiro fator como o mais importante, pois demonstra que os intermediários financeiros, principalmente os bancos, só existem porque há agentes que desejam gastar mais do que os rendimentos que possuem, e há aqueles que possuem poupanças.

O crescimento da intermediação financeira foi possível graças às vantagens que apresenta, entre as quais destacamos três:

1. As instituições financeiras tendem a se especializar, fornecendo melhores informações e produtos àqueles que tomam empréstimos e àqueles que investem.
2. Bancos e outros agentes podem abranger diferentes setores e regiões, fornecendo, portanto, mais opções e diluição de riscos.
3. Um agente deficitário tem menos possibilidades de encontrar um financiamento por meio de intermediários do que teria via financiamento direto; por exemplo, pedir emprestado 100 mil reais em um banco que capta dinheiro de várias pessoas é mais fácil do que pedir emprestado diretamente a uma só pessoa.

A evolução da intermediação financeira e a oferta de produtos financeiros fomentaram a formação de mercados financeiros, os quais, como o nome já indica, são ambientes, não propriamente físicos, em que se negociam ativos financeiros, como moedas estrangeiras, títulos públicos, debêntures, certificados de depósitos, entre outros.

Segundo Andrezo e Lima (2002), há uma forte correlação entre desenvolvimento financeiro e crescimento econômico, pois um processo de crescimento favorece a elevação da demanda por recursos externos. Fluxo de caixa, lucros retidos e depreciações tornam-se insuficientes para financiar uma expansão da empresa.

Economias mais desenvolvidas também são mais complexas, e muitas vezes o sistema tradicional financeiro – poupador, banco e devedor – não oferece soluções adequadas para as necessidades atuais. Diante disso, o mercado financeiro cresceu e se especializou em diversos novos produtos.

Para facilitar o entendimento, o mercado financeiro pode ser dividido em segmentos. Nesse caso, recorremos à classificação proposta por Kerr (2011), ressalvando que esta é uma divisão didática e que muitas vezes as instituições financeiras operam em vários mercados ao mesmo tempo.

- **Mercado monetário** – Boa parte desse mercado é operado pelo Banco Central onde são realizadas operações de negociação de títulos públicos, de redesconto e depósito compulsórios, que visam essencialmente controlar a liquidez de moeda na economia.
- **Mercado de crédito** – Operado por instituições financeiras bancárias, destina-se basicamente a suprir as necessidades de capital de giro das empresas, abrangendo empréstimos, financiamento e depósitos à vista.
- **Mercado cambial** – Ambiente em que é realizada a compra e venda de moeda estrangeira.
- **Mercado de capitais** – Contexto em que são realizadas operações de longo prazo, geralmente por bancos de investimentos. Aplicação em ações e debêntures são exemplos desse mercado.
- **Mercado de derivativos** – São operações com ativos cujos valores representam uma parcela de outro ativo, daí o nome *derivativos*. Destina-se, principalmente, à administração de risco.

A seguir, detalhamos como funciona o esquema institucional do mercado financeiro brasileiro.

Figura 4.1 – Sistema financeiro nacional (SFN) brasileiro

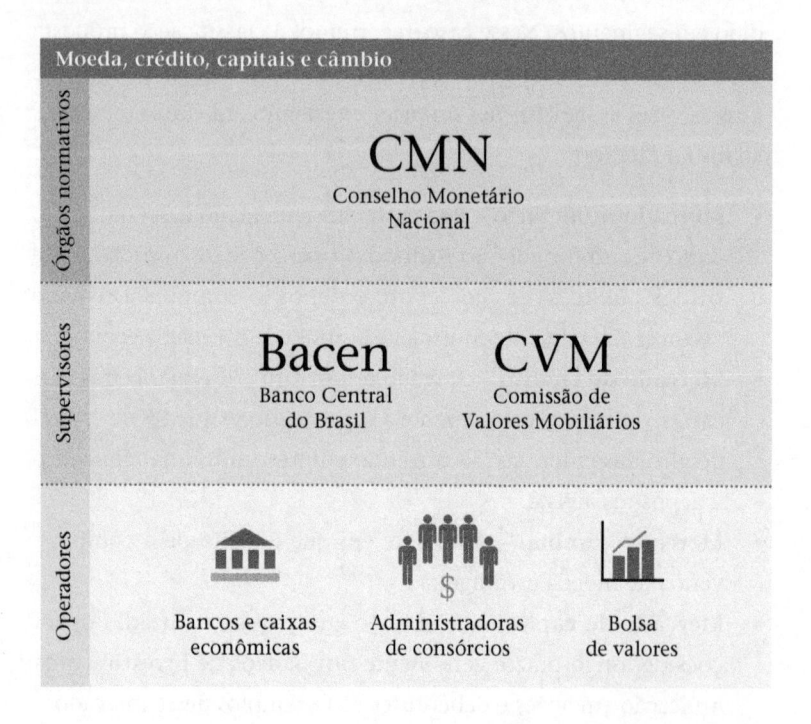

**Moeda, crédito, capitais e câmbio**

*Órgãos normativos*

**CMN**
Conselho Monetário Nacional

*Supervisores*

**Bacen**
Banco Central do Brasil

**CVM**
Comissão de Valores Mobiliários

*Operadores*

Bancos e caixas econômicas

Administradoras de consórcios

Bolsa de valores

Fonte: BCB, 2019b.

Na Figura 4.1 é apresentada uma parte do SFN brasileiro (nela não constam os seguros privados e os regimes fechados de previdência). Neste livro, não nos interessa avançar tanto nesse conhecimento, mas situá-lo, leitor, sobre as questões institucionais. No topo da estrutura, está o Conselho Monetário Nacional (CMN), que é o órgão superior do SFN e tem como objetivo formular a política da moeda e do crédito. Esse órgão é constituído por três membros, sendo o presidente do Banco Central do Brasil (Bacen), o ministro da fazenda e o ministro do planejamento. Em 2019, no início do Governo Bolsonaro,

O Ministro Paulo Guedes optou por unificar o Ministérios da Fazenda e do Planejamento. Portanto, desde então, os membros do CMN passaram a ser o presidente do Bacen, o ministro da economia e o secretário especial da fazenda do Ministério da Economia.

Usualmente, os membros do CMN reúnem-se uma vez por mês para deliberar sobre assuntos como: adaptar o volume dos meios de pagamento às necessidades da economia; regular o valor da moeda e buscar mecanismos para equilibrar o balanço de pagamentos; propiciar o aperfeiçoamento das instituições e dos instrumentos financeiros; zelar pela liquidez e solvência das instituições financeiras; coordenar as políticas monetária, creditícia, orçamentária e da dívida pública interna e externa.

> **Para saber mais**
>
> Convidamos você a buscar as atas de reuniões do CMN, em que é possível observar as decisões tomadas, muitas delas sobre novas regulamentações ou políticas que devem ser adotadas pelo Bacen e pelos bancos comerciais.
>
> BCB – Banco Central do Brasil. **Atas das reuniões do CMN.** Disponível em: <https://www.bcb.gov.br/acessoinformacao/cmnatasreun>. Acesso em: 28 jul. 2020.

O Bacen, conforme consta na Figura 4.1, consiste em uma autarquia ligada atualmente ao Ministério da Economia e tem como objetivo e missão garantir a estabilidade do poder de compra da moeda brasileira – real –, bem como supervisionar o mercado financeiro local – bancos, cooperativas de crédito, instituições de pagamento e administradoras de consórcios. O Bacen também é a instituição à qual cabe manter a inflação sob controle, além de atuar como secretaria executiva do CMN.

Por fim, entre as instituições responsáveis por supervisionar o SFN na Figura 4.1, temos a Comissão de Valores Mobiliários (CVM), à qual cumpre garantir a integridade do mercado de capitais (ações, FII1, debêntures) e estimular a eficiência e ampliação desse mercado. Sob responsabilidade da CVM está a bolsa de valores (B3, 2020a), competindo à Comissão estabelecer normas, fiscalizar as condutas dos agentes que operam na bolsa, promover a educação financeira e o acesso à informação para a sociedade.

Qual é a utilidade desse conhecimento para a análise de conjuntura? É de suma importância para qualquer analista conhecer a organização do SFN, observar contrações e expansões de mercado de crédito, acionário e de títulos e, portanto, entender o que essas variações indicam. Por exemplo, se observarmos as ações das siderúrgicas no ano de 2015, detectaremos uma queda brusca das ações das empresas negociadas na bolsa de valores; pesquisando mais a fundo, isso se configura como indicativo da queda do patrimônio líquido e de uma crise no mercado de ações nacional.

O mercado de ações, de títulos públicos, de renda fixa e como eles auxiliam na análise de mercado serão objeto das próximas seções.

---

[1] *Sigla para indicar fundos imobiliários, ou cotas de fundos, que são negociados também na B3 (2020a).*

## (4.2)
## MERCADO MONETÁRIO: TÍTULOS PÚBLICOS FEDERAIS

O mercado monetário diz respeito à circulação de moeda ou dinheiro em um país. Estão compreendidas nesse mercado as operações de compra e venda de títulos públicos e privados. Título é uma forma de tomar dinheiro emprestado, emitindo um direito de pagamento no futuro com juros.

Os títulos, se emitidos pelo governo, permitem o financiamento da dívida pública, a geração de receitas para gastos públicos e também o controle da liquidez da economia.

Há também no mercado os títulos privados, emitidos por bancos e instituições financeiras. Alguns exemplos são o Certificado de Depósito Interbancário (CDI), o Certificado de Depósito Bancário (CDB) e os debêntures.

Os títulos são controlados e custodiados por dois sistemas eletrônicos, quais sejam:

1. **Sistema Especial de Liquidação e Custódia (Selic)** – Foi desenvolvido pelo Bacen em 1979 e orientado ao fim de operar os títulos emitidos pelo Tesouro Nacional – órgão da Administração Pública Direta, vinculado ao Ministério da Economia, e responsável pela administração dos recursos fiscais e da emissão dos títulos da dívida pública federal. O sistema Selic tem por finalidade gerenciar as operações de compra e venda e manter sua custódia.
2. **Central de Custódia e de Liquidação Financeira de Títulos Privados (Cetip)** – Teve início em 1986 como um sistema semelhante ao Selic, mas gerenciando e providenciando a custódia dos títulos privados (CDB, CDI etc.).

Ambos os sistemas de liquidação e custódia (Selic e Cetip) têm como objetivo promover o gerenciamento, a segurança e a autenticidade dos títulos negociados. Tanto o Selic quanto a Cetip divulgam de maneira periódica taxas de juros que servem de referência para os agentes econômicos.

A **taxa Selic** consiste na principal referência para a taxa de juros no mercado, pois indica os juros aplicados nos títulos públicos federais – e como não existe um investimento em larga escala com risco abaixo dos títulos federais, esses títulos são tomados como referência aos demais títulos públicos e privados.

A **taxa Cetip**, naturalmente, apresenta-se levemente mais elevada do que a taxa Selic, em virtude, principalmente, do risco teoricamente um pouco maior, por se tratar de títulos privados.

Os títulos federais, emitidos pelo Tesouro Nacional, não são homogêneos, ou seja, apresentam características de negociação diferentes entre si. Os principais papéis ofertados são:

- **Letras do Tesouro Nacional (LTN)** – São títulos prefixados, ou seja, a rentabilidade é conhecida no momento da compra. Apresentam um fluxo de pagamento simples: o investidor faz uma aplicação e receberá o valor do investimento somado à rentabilidade na data de vencimento do título.

- **Notas do Tesouro Nacional** – São títulos pós-fixados, o que quer dizer que sua rentabilidade é estimada, mas sofre variações com o tempo; são, na sua maioria, indexados a uma taxa de inflação (como o Índice Nacional de Preços ao Consumidor – IPCA) acrescido de juros definidos no momento da compra. Geralmente seus retornos se efetivam a cada seis meses. O título NTN-B, citado na Tabela 4.1, é atualizado pela variação do IPCA desde a data-base de emissão. O prazo de resgate é definido pelo

Ministério da Economia quando da emissão do título por oferta pública. O título NTN-B principal é pago em parcela única na data de vencimento. A série NTN-A foi emitida pelo governo para reestruturar a dívida externa em 1994. O título do tipo NTN-C é atrelado ao Índice Geral de Preços (IGP-M), mas é de emissão mais rara, da mesma forma que o título NTN-D, que é atualizado pela variação da cotação do dólar americano.

- **Letras Financeiras do Tesouro (LFT)** – São títulos pós-fixados cuja rentabilidade está atrelada à taxa Selic, definida pelo Bacen. Apresentam fluxo de pagamento simples: o investidor faz a aplicação e recebe o valor da rentabilidade no vencimento do título.

A seguir, replicamos uma tabela que esteve disponível no *site* do Banco do Brasil em abril de 2016, que indica os retornos de cada tipo do título público.

Tabela 4.1 – Títulos e retornos dos títulos públicos federais

| Título | Vencimento | Taxa % a.a. | | Preço unitário dia | |
|---|---|---|---|---|---|
| | | Compra | Venda | Compra | Venda |
| Indexados ao IPCA | | | | | |
| Tesouro IPCA+ 2019 (NTNB Princ) | 15/05/2019 | 6,06 | - | R$ 2.391,03 | - |
| Tesouro IPCA+ 2024 (NTNB Princ) | 15/08/2024 | 6,17 | - | R$ 1.741,65 | - |
| Tesouro IPCA+ com juros semestrais 2026 (NTNB) | 15/08/2026 | 6,19 | - | R$ 2.854,51 | - |
| Tesouro IPCA+ com juros semestrais 2035 (NTNB) | 15/05/2035 | 6,24 | - | R$ 2.866,24 | - |
| Tesouro IPCA+ 2035 (NTNB Princ) | 15/05/2035 | 6,28 | - | R$ 899,36 | - |

*(continua)*

*(Tabela 4.1 – conclusão)*

| Título | Vencimento | Taxa % a.a. | | Preço unitário dia | |
|---|---|---|---|---|---|
| | | Compra | Venda | Compra | Venda |
| Tesouro IPCA+ com juros semestrais 2050 (NTNB) | 15/08/2050 | 6,30 | R$ 2.780,95 | | |
| Prefixados | | | | | |
| Tesouro prefixado 2019 (LTN) | 01/01/2019 | 12,71 | - | R$ 725,79 | - |
| Tesouro prefixado 2023 (LTN) | 01/01/2023 | 13,01 | - | R$ 442,25 | - |
| Tesouro prefixado com juros semestrais (NTNF) | 01/01/2027 | 12,95 | - | R$ 869,82 | - |
| Indexados à taxa Selic | | | | | |
| Tesouro Selic 2021 (LFT) | 01/03/2021 | 0,02 | - | R$ 7.698,10 | - |

Fonte: BB, 2016.

Figuram nessa tabela três tipos de títulos: 1) indexados ao IPCA; 2) prefixados; 3) indexados à taxa Selic. Os títulos indexados ao IPCA apresentam um retorno (taxa) acima de 6% somado à taxa IPCA do respectivo ano. Note que esse tipo de investimento protege a empresa ou o indivíduo da perda de poder de compra causada pela inflação, além de apresentar um retorno real acima de 6%.

Os títulos prefixados já definem qual será o retorno do título até o vencimento, variando de 12,71% a 13,01%, conforme a Tabela 4.1. Esse tipo de título apresenta uma vantagem sobre o título indexado ao IPCA, caso a inflação somada aos juros de 6% do tesouro IPCA fique abaixo dos 12%. Por fim, há o título indexado à taxa Selic, portanto, o retorno varia conforme as decisões do Comitê de Política

Monetária (Copom). Esse tipo de título está sujeito a um risco caso o Copom seja tolerante com níveis mais altos de inflação, isto é, caso esse comitê não aumente os juros da taxa Selic para conter um processo inflacionário. Essa tolerância com a inflação tende a acarretar uma deterioração dos ganhos.

Para ilustrar melhor como é o investimento em títulos públicos, disponibilizamos a Figura 4.2, que mostra o investimento em LFT como um fluxo de pagamentos.

Figura 4.2 – Fluxo de pagamentos de uma LFT

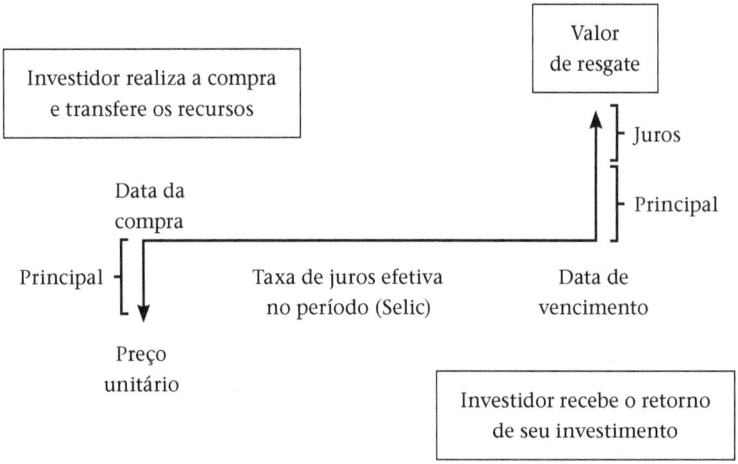

```
                                        ┌──────────────┐
                                        │   Valor      │
┌──────────────────────────┐            │  de resgate  │
│ Investidor realiza a compra │         └──────────────┘
│ e transfere os recursos   │                  ▲
└──────────────────────────┘                   │  ┤ Juros
                                               │
              Data da                          │
              compra                           │  ┤ Principal
                                               │
Principal ┌                                    │
          │    Taxa de juros efetiva      Data de
          └▼   no período (Selic)         vencimento

           Preço
          unitário
                              ┌──────────────────────────┐
                              │ Investidor recebe o retorno │
                              │   de seu investimento     │
                              └──────────────────────────┘
```

Fonte: Brasil, 2019d.

Como se verifica na figura, as LFT têm fluxo de pagamentos simples – o investidor faz a compra e recebe o rendimento apenas uma vez, na data de vencimento do título, junto com o valor do principal. Ressaltamos que existem títulos que pagam o rendimento ao longo do investimento, usualmente a cada seis meses.

Como exemplo, observe a Tabela 4.2, que apresenta as condições de uma suposta compra de LFT.

Tabela 4.2 – Simulação de compra de título público

| Título | Tesouro Selic |
|---|---|
| Data da compra | 18/12/2019 |
| Data de vencimento | 01/03/2025 |
| Valor investido | R$ 10.000,00 |
| Taxa do papel na compra (% a.a.) | 0,02 |
| Taxa de administração | 0,00 |
| Taxa Selic para o período | Média de 5,5% a.a. |

Fonte: Elaborado com base em Brasil, 2019d.

Ainda sobre esse tema, há o mercado secundário de títulos públicos federais, ambiente em que se negociam títulos já emitidos. A presença desse mercado eleva a liquidez e potencializa o mercado primário. A compra e a venda deve ser realizada por meio dos *dealers* – instituições financeiras autorizadas pelo Tesouro Nacional a negociar os títulos – e de algum dos três sistemas por eles utilizados, quais sejam: 1) o Sisbex; 2) Cetipnet; 3) o E-Bond (*Bloomberg*). Atualmente, há doze *dealers* – nove bancos e três corretoras – autorizados a atuar no mercado de títulos públicos brasileiros (Brasil, 2020e).

Por fim, por que é necessário conhecer os títulos públicos federais para a análise de cenários econômicos? Note que os títulos públicos são considerados os investimentos mais seguros oferecidos no mercado e, portanto, funcionam como uma base mínima de rentabilidade. Numa tomada de decisão de investimento, a taxa Selic deve ser observada; por exemplo, se um investimento projeta um retorno de 10% a.a. (ao ano) e a taxa Selic está definida como 14% a.a., não haverá lógica econômica para o investimento, tendo em vista que o retorno em títulos públicos será maior.

## (4.3)
## MERCADO DE RENDA FIXA

Nesta seção, apresentaremos os produtos financeiros que oferecem rendimentos fixos ofertados por instituições financeiras (bancos comerciais, bancos de investimento, bancos de desenvolvimento e bancos múltiplos). Nesse grupo de produtos financeiros incluem-se o CDB, o Recibo de Depósito Bancário (RDB), o Depósito Interbancário (DI), a Letra de Câmbio (LC), a Letra de Crédito do Agronegócio (LCA), entre outros produtos.

Todos os produtos financeiros têm basicamente o mesmo objetivo: captar recursos para as instituições financeiras, as quais podem oferecer crédito para diferentes fins (crédito para a casa própria, crédito para a agricultura etc.). O lucro dessas instituições advém da diferença entre o custo do dinheiro captado entre os investidores em renda fixa e a receita auferida entre o dinheiro emprestado.

Como explica Fortuna (2007), o CDB é um título de crédito e o RDB é um recibo, não tendo este último rendimento algum caso o investidor retire o recurso aplicado antes do prazo estipulado. Nos dois casos, as características são determinadas no momento da contratação – o prazo final e a taxa de rendimento são previamente definidos. A remuneração pode ser prefixada, pós-fixada ou até híbrida, indexada a algum índice, mas geralmente pela taxa de juros DI definida pelo Cetip.

O CDB e o RDB são os títulos mais antigos e comuns na captação de recursos pelos bancos comerciais, bancos de investimentos e bancos múltiplos. Os recursos captados pelas instituições por meio desses produtos financeiros são repassados aos clientes bancários na forma de empréstimo.

Há disponível no mercado CDBs que remuneram o investidor diariamente, outros com vencimento em 30 ou 90 dias, e até para alguns anos. Geralmente, quanto maior é o tempo de investimento, maior é a taxa de retorno oferecida pelo banco. Deve-se atentar para retiradas antes do prazo de vencimento, pois o banco pode exigir um deságio para gerar a liquidez solicitada pelo investidor, comprometendo fortemente a rentabilidade.

A rentabilidade dos CDBs também tem relação com o tamanho e a situação do caixa dos bancos. Há uma tendência de bancos menores oferecerem maiores rentabilidades do que os bancos maiores, visando atrair investidores. Alguns bancos com problemas no balanço financeiro também oferecem maiores rentabilidades no CDB. Pode-se afirmar que investir no CDB em um banco pequeno não representa um problema, pois esse tipo de título é garantido pelo Fundo Garantidor de Crédito (FGC). De fato, investidores no CDB têm esse resguardo até o limite de 250 mil reais investidos, e com uma solução relativamente rápida, muitas vezes em menos de 30 dias para a devolução do investimento. Portanto, o limite de garantia do FGC é um fator importante para a escolha do investimento.

**Preste atenção!**

Há no *site* do FGC as estatísticas dos pagamentos de garantias realizadas pela instituição desde 1996. Constam ali o total de 35 bancos que, até 2018, entraram em processo de liquidação, no qual os clientes receberam do fundo o valor investido, ou pelo menos parte, se abaixo do limite garantido de 250 mil reais.

Uma dúvida comum entre os investidores refere-se aos impostos retidos nesse investimento. A Tabela 4.3 mostra os valores retidos de Imposto de Renda (IR) sobre o lucro obtido no CDB. Os valores também são válidos para outros investimentos em que incidam IR.

Tabela 4.3 – IR do CDB

| Tempo de permanência | Alíquota do IR sobre o lucro |
|---|---|
| Até 180 dias | 22,5% |
| De 181 a 360 dias | 20% |
| De 361 a 720 dias | 17,5% |
| Mais de 721 dias | 15% |

Fonte: BB, 2020.

O CDI consiste em um título privado que visa fornecer recursos aos bancos. É negociado somente entre os bancos, e, portanto, não pode ser vendido a outros investidores. As negociações entre os bancos têm como base a taxa de juros DI, em geral levemente superior à taxa Selic. É comum no mercado financeiro empregar o rendimento do CDI como referência para os demais produtos financeiros. Provavelmente você já ouviu falar em investimentos que remuneram desde 90% até 130% do CDI.

E como é feita a negociação do CDI? O título configura-se como uma promessa de pagamento, garantindo ao banco credor que o banco devedor pagará o título comprado. Todas as operações são realizadas no *open market*, um mercado restrito apenas para instituições financeiras. Usualmente, as operações no *open market* são realizadas diariamente e principalmente durante a noite, como forma de equilibrar o caixa do banco.

Não aprofundaremos a abordagem sobre esse tema neste livro, mas as negociações interbancárias são necessárias para equilibrar o caixa dos bancos e para seguir as regras do Acordo de Basileia. Esse tratado estabeleceu algumas normas para os bancos, entre elas, a de que não seja terminado o dia com saldo negativo em caixa, bem como não seja atingido certo nível de alavancagem (total emprestado/patrimônio).

Como salienta Fortuna (2007), geralmente há três principais alternativas para um banco recompor a posição em reservas bancárias no dia:

1. recorrer ao sistema de redesconto do Bacen, isto é, emprestar diretamente dessa instituição;
2. atuar junto à mesa do mercado aberto do Bacen com lastro em títulos públicos federais – é possível obter informações detalhadas sobre essas operações no Departamento de Negociação de Mercado Aberto (Demab) do Bacen;
3. trocar com outros bancos reservas sem lastro em títulos públicos (CDI), remunerando o credor com base na taxa de juros DI.

**Para saber mais**

No *site* da B3 (2020a), encontra-se o valor atual da taxa DI, além de estatísticas de outros investimentos. Esses dados são de suma importância para quem deseja aprofundar seus conhecimentos sobre o mercado financeiro, bem como para uma análise de conjuntura mais completa.

Ainda sobre o CDI, no Capítulo 6 trataremos sobre controle de risco, mas podemos adiantar que esse certificado muitas vezes é utilizado como uma operação de proteção (*hedge*). Por exemplo, imagine que uma companhia mantém um investimento atrelado ao CDI e também dívidas em dólar que vencerão no futuro. Essa empresa precisará se proteger contra uma possível alta do dólar. Uma das possibilidades para isso é comprar os dólares no momento atual, o que evitaria o problema da oscilação, mas muitas vezes isso não é possível, como no caso de compra de insumos importados.

Outra opção para se proteger é a empresa assumir uma posição de venda do retorno da taxa de juros (CDI) e de compra do retorno da oscilação cambial de dólar. O objetivo nesse caso é negociar a diferença de oscilação dos dois ativos (CDI e dólar). Por exemplo, uma empresa qualquer A tem receita em moeda nacional (real) investida em CDI, ao passo que as dívidas futuras dessa empresa estão em dólares, como no caso dos insumos. Para se proteger do risco de o dólar subir, aceita oferecer em troca a variação que seria recebida do CDI. De outro lado, há uma empresa na situação inversa: é exportadora que possui as receitas atreladas em dólares e dívidas futuras em reais. Essa empresa também pode fazer um *hedge* e optar por trocar a rentabilidade do câmbio pela variação do CDI, para que os juros das dívidas dela não superem o retorno da variação do câmbio.

Como as empresas têm interesse nessa proteção, por meio de bancos ou corretoras, essa transação é registrada na Cetip. Chamamos aqui atenção para o papel da análise de conjuntura para avaliar essas necessidades das empresas e visualizar os possíveis movimentos de mercado que afetem a receita delas.

Retornando para os outros produtos financeiros, há, ainda, no mercado a LC, um instrumento de captação de recursos específico das sociedades de crédito e financeiras, sempre sendo emitido com base numa transação comercial, ou seja, quando uma financeira empresta algum valor, a pessoa que obteve o empréstimo saca uma LC contra a financeira, que a aceita e lança no mercado. A LC também pode ser emitida com taxas prefixadas, flutuantes ou pós-fixadas pelos prazo mínimo de 60 dias e máximo de 180 dias.

Sobre a LC também recai IR, com prazos e valores iguais aos fornecidos na Tabela 4.3. Da mesma forma que o CDB, as LCs são garantidas pelo FGC até o limite de 250 mil reais. Usualmente, os retornos desse tipo de investimento são iguais ou um pouco maiores do que no CDB.

A LCA é um título emitido por uma instituição financeira pública ou privada que visa captar recursos para crédito na cadeia de produção do agronegócio. Uma das vantagens desse investimento é a isenção do IR. Portanto, muitas vezes o retorno ofertado desse investimento é abaixo do rendimento da taxa de juros do DI, mas, com a isenção do IR, o investimento torna-se atrativo. Apresenta um baixo risco, uma vez que boa parte desse investimento é garantida pelo FGC.

Ainda no segmento do agronegócio, há o Certificado de Recebíveis Agrícolas (CRA), que são títulos de renda fixa lastreados em recebíveis originados de negócios entre produtores rurais ou cooperativas e terceiros, envolvendo empréstimos e financiamentos relacionados à produção, ao beneficiamento e aos insumos agropecuários.

Nessas operações de CRA, os produtores cedem os recebíveis para uma companhia securitizadora[2], que emitirá os certificados e os disponibilizará no mercado de capitais, geralmente com auxílio de outra instituição financeira. A vantagem para o produtor ou cooperativa é antecipar o recebimento do pagamento pelos seus produtos.

---

2   São companhias especializadas na antecipação de recebíveis, isto é, antecipam o pagamento de uma venda futura.

Diferentemente da LCA, os CRAs não são criados em instituições bancárias, e sim pelas securitizadoras. Outra diferença é que o investimento em CRA não é garantido pelo FGC. Como se trata de um investimento mais arriscado, o retorno também é maior. No *site* da B3 (2020b) há os CRAs listados conforme os emissores. Conforme os dados disponíveis, no final de 2019 havia 19 empresas securitizadoras operando na bolsa.

No setor imobiliário, há dois títulos privados, a Letra de Crédito Imobiliário (LCI) e o Certificado de Recebíveis Imobiliários (CRI). A LCI concede aos investidores um retorno fixo ou flutuante, por um prazo determinado no momento do investimento. A LCI, da mesma forma que a LCA, é garantida pelo FCG, e oferece um baixo risco aos investidores. Ambos os títulos são isentos de IR e, na prática, trata-se de um investimento para ampliação do setor imobiliário.

Em regra, o CRI remunera o investidor periodicamente – em geral, mês a mês – e o recebimento do principal é investido quando do vencimento do título. O CRI, bem como algumas das LCI, é lastreado em créditos imobiliários: financiamentos residenciais e comerciais, construções e contratos de aluguel. Da mesma forma que o CRA, o CRI é emitido somente por companhias securizadoras.

O CRI é considerado investimento de longo prazo, pois os vencimentos dos títulos variam de 4 a 15 anos. Esses títulos não permitem o resgate antecipado, somente a venda no papel no mercado secundário pelo preço do dia. Trata-se também de um investimento mais difícil para o grande público, porque diversos deles demandam um investimento mínimo de 300 mil reais.

Quando uma empresa necessita de recurso, uma das opções é a emissão de debêntures, que somente podem ser emitidas por sociedades por ação, isto é, companhias de capital aberto com prévio registro na CVM. A debênture dá ao credor da empresa o direito de recebimento de rentabilidade sobre o montante emprestado em dado prazo, em condições preestabelecidas.

As debêntures podem remunerar o investidor por uma taxa de juros prefixada, ou acompanhando a TR (Taxa Referencial), TJLP (Taxa de Juros de Longo Prazo) ou TBF (Taxa Básica Financeira), mais um adicional, como também é possível uma remuneração flutuante. Há debêntures que, da mesma forma que títulos públicos, oferecem um retorno adicionado de algum índice de inflação.

Entre as vantagens para a empresa que emite as debêntures podemos citar o maior prazo para pagamento, a possibilidade de captar recursos maiores, um menor custo de captação (uma vez que o risco é passado para o investidor e não uma instituição financeira), além uma maior liberdade sobre os prazos e formas de pagamento.

Claramente, a pessoa que adquire uma debênture corre o risco de inadimplência da empresa emissora; por isso, o mercado criou as empresas de *rating* ou análise de risco, que classificam os títulos com base no risco de não pagamento da dívida.

Existe, ainda, a Nota Comercial, ou *Commercial Paper*, que funciona de maneira muito semelhante às debêntures, sendo emitida por empresas de capital aberto ou fechado, mas com prazos inferiores a 360 dias.

Poderíamos citar diversos outros produtos financeiros de renda fixa, mas os que aqui mencionamos são os principais. Qual é a utilidade de conhecer esses investimentos? A primeira, sem dúvida, é para uso pessoal na gestão do próprio dinheiro; a segunda é que, em uma gestão financeira sólida, a empresa deve saber optar pelos investimentos mais adequados e conhecer outras fontes de recursos.

# (4.4)
# MERCADO ACIONÁRIO

Ações são, como explica Kerr (2011), a menor fração em que se divide o capital de uma empresa. O acionista é, portanto, participante ou proprietário de uma companhia, proporcionalmente à quantidade de ações que possui em relação ao total.

Atualmente, as ações são escriturais, funcionando por um registro eletrônico, no qual os valores são lançados a débito ou a crédito na conta dos acionistas, sem a necessidade de movimentação física de papéis.

As empresas registradas como sociedades anônimas podem ser de capital fechado ou aberto. As de capital fechado, geralmente, são empresas familiares e com número restrito de sócios. Já as de capital aberto são necessariamente registradas na CVM, sendo obrigadas a fornecer uma série de informações contábeis e de governança.

Segundo Kerr (2011), as ações são classificadas em dois tipos, conforme direitos dos acionistas:

1. **Ações preferenciais** – Não atribuem a seu titular direito de voto nas assembleias, porém conferem duas preferências: prioridade no recebimento de dividendos e prioridade no reembolso do capital da empresa em caso de dissolução.
2. **Ações ordinárias** – Atribuem ao possuidor das ações os mesmos direitos e obrigações dos proprietários, ou seja, confere ao acionista o direito de voto, permitindo que ele participe das principais decisões da empresa.

De acordo com Assaf Neto (2009), uma ação pode ter seis valores diferentes, além daquele atribuído pelo mercado em determinado dia. Assim, é possível observar os seguintes valores monetários para as ações:

1. **Valor patrimonial** – Corresponde ao patrimônio líquido da empresa dividido pelo número de ações. Por exemplo, se o patrimônio líquido de uma empresa é de 100 milhões de reais e ela tiver 50 milhões de ações emitidas, determina-se um valor patrimonial de 2 reais por ação. Essencialmente, essa é uma informação que indica valores acumulados no passado e não guarda em si expectativas sobre a empresa.
2. **Valor de mercado** – Representa o efetivo preço negociado da ação no mercado secundário. Não coincide, necessariamente, com o valor patrimonial, que é definido por percepções dos investidores e pelos ciclos de especulação nas bolsas de valores, fato que analisaremos adiante.
3. **Valor de liquidação** – Diz respeito ao valor de cada ação no momento do encerramento da empresa. Um valor muito baixo indica um excesso de passivos, como trabalhistas e com fornecedores.
4. **Valor nominal** – Corresponde ao valor indicado a uma ação previsto no estatuto social da empresa. Ressalvando que não existe obrigação de a empresa indicar esse valor no estatuto, pois isso é somente uma opção.
5. **Valor intrínseco** – Remete ao valor presente dos retornos de caixa, descontado de uma taxa mínima de retorno – normalmente a taxa Selic, relacionada com o retorno do investimento mais seguro no mercado. Portanto, indica o potencial de remuneração da ação acima do retorno de investimento mais conservador no mercado.

6. **Valor de subscrição** ou **valor de emissão** – Corresponde ao preço definido no lançamento de ações em operações de expansão de capital de uma empresa. Indica quanto cada ação está contribuindo para o capital social da empresa.

Essencialmente, para o investidor, uma ação de uma empresa oferece três formas de rendimentos:

1. a própria valorização do preço de mercado da ação;
2. juros sobre o capital próprio pagos aos acionistas com base nas reservas de lucros da empresa;
3. dividendos, que representam a distribuição de lucros auferidos pela empresa aos próprios acionistas.

O pagamento de juros sobre capital próprio apresenta para a empresa benefícios fiscais, quando comparado ao pagamento de dividendos, e por meio do pagamento de juros sobre capital próprio as empresas podem diminuir o valor pago em IR, repassando esse ônus ao investidor e também já descontando do pagamento mínimo obrigatório de dividendos.

Outro fato importante a ser salientado é sobre os dois momentos da negociação das ações, o mercado primário e o mercado secundário. O **mercado primário**, essencialmente, é quando as empresas lançam ações pela primeira vez, canalizando, assim, mais recursos. A primeira emissão de ações ao público é chamada de *oferta pública inicial* ou IPO (do inglês, Initial Public Offering). Posteriormente, ainda há a possibilidade de a empresa emitir novas ações, sendo este fato chamado de *oferta secundária de capital*.

O **mercado secundário**, por sua vez, resume-se às negociações entre os agentes econômicos das ações adquiridas no mercado primário. Os valores monetários negociados nesse mercado não são transferidos para a empresa; desse modo, esse mercado tem como propósito dar liquidez ao mercado primário.

O mercado de ações constitui um importante meio de fornecimento de recursos para empresas e uma opção de investimento muito interessante. Conhecer essas opções é útil para qualquer agente econômico, principalmente para aqueles que desejam traçar a melhor estratégia.

## (4.5) Mercado secundário de ações

O mercado secundário registra a transferência de titularidade de ações de empresas. Essas negociações ocorrem nas famosas bolsas de valores, as quais têm como objetivo promover negociações seguras, desenvolver um sistema de registro ágil e moderno e fiscalizar o cumprimento das regras entre seus membros.

Atualmente, no Brasil, a única bolsa de valores é a B3 (2020a), que surgiu em 2017 após a aprovação da fusão da BM&F Bovespa com a Cetip. Anteriormente, a BM&F Bovespa havia sido formada pela fusão, em 2007, da Bolsa de Valores de São Paulo (Bovespa) e a Bolsa de Mercadorias e Futuros (BM&F).

O ambiente eletrônico em que são realizadas as diversas transações de compra e venda de ações é denominado *pregão*. Todos os agentes econômicos que participam da B3 (2020a) devem ter amplo acesso às informações e aos fatos relevantes que tenham potencial para influir sobre os preços das ações. Logo, é crime o diretor ou outro funcionário de uma empresa vender ou usar para si informações privilegiadas.

Tendo em vista que utilizar informações privilegiadas é crime, resta ao investidor valer-se dos próprios conhecimentos e de análises para o comportamento das ações no mercado secundário.

Por que conhecer o comportamento do mercado secundário é valioso para a análise de cenários econômicos? Porque o mercado de ações é o agente que antecipa as informações de modo mais adequado. Essa antecipação e a resposta no preço da ação é chamado de *precificação*, ou seja, informações que impactam a economia geralmente são repassadas ao preço da ação no momento que a informação vem à tona para o mercado.

Em síntese, o preço de uma ação carrega as informações de mercado. Essa afirmação, como explica Kerr (2011), é baseada na Hipótese de Mercado Eficiente (HME), que afirma que um mercado é eficiente quando os preços se ajustam de maneira rápida à chegada de novas informações.

Claro que existe uma polêmica sobre a eficiência do mercado. Podemos citar como exemplo contrário a essa eficiência a formação de "bolhas" no mercado de ações, como nos casos do mercado imobiliário norte-americano em 2008, do mercado japonês em 1991, e da bolha da internet em 2000. Usualmente, esses grandes movimentos de alta ou de baixa são chamados de *efeito manada*, pois indicam uma disparada irracional para determinada tendência.

Há duas ferramentas mais comuns para se estimar o comportamento futuro das ações, e que podem e devem ser usadas na análise de cenários: 1) a análise gráfica; 2) a análise fundamentalista.

A **análise fundamentalista** parte do pressuposto de que o valor de mercado da ação se comporta conforme os fatores internos e externos à empresa, usando como análise as demonstrações financeiras, as decisões de agências reguladoras etc. Podemos citar alguns índices úteis na análise:

- **Lucro por ação (LPA)** – Índice que deriva do lucro total da empresa dividido pelo número de ações.
- **Payout** – Percentual do lucro líquido dividido entre os acionistas a título de dividendos.
- **Dividend yield** – Razão entre os dividendos distribuídos por ação e o preço de mercado da ação.
- **Índice Preço/Lucro** – Método mais utilizado, dado pela divisão entre o preço de mercado da ação e o LPA. O índice mostra quantos anos são necessários para recuperar o investimento: quanto maior é o índice, maior é o tempo para recuperar.

A **análise técnica** ou **gráfica**, por sua vez, foca principalmente no comportamento dos preços no passado para prever o comportamento no futuro. Os analistas que trabalham nesse mercado usualmente observam gráficos dos preços das ações para traçar linhas de tendência e pontos de suporte e resistência, predizendo cenários e preços mais prováveis no futuro.

## (4.6)
## ANÁLISE TÉCNICA

A análise técnica busca padrões recorrentes e previsíveis nos preços das ações. Ela se baseia no pressuposto de que os preços das ações no mercado se comportam com uma dinâmica própria e relativamente distante do valor intrínseco da ação. À medida que os fundamentos contábeis da empresa mudam, os investidores com mais conhecimento da dinâmica podem se aproveitar do momento até o novo ajuste.

Como explicam Bodie, Kane e Marcus (2015), uma das tendências comportamentais do mercado mais conhecida é o **efeito disposição**, definida como a tendência dos investidores de permanecerem em investimentos infrutíferos; isso quer dizer que, mesmo com indicativos contábeis suficientes da piora na rentabilidade da empresa, o investidor permanece na ação. Portanto, esse período entre a piora na situação da empresa e o reflexo nos preços das ações gera um *momentum*[3], isto é, um tempo para que os preços das ações se aproximem dos valores fundamentais.

Outra tendência comportamental do mercado de ações é o excesso de confiança, o qual permeia a relação entre o preço da ação e o volume negociado. À medida que os negociadores se tornam mais confiantes, eles negociam mais. Há, dessa maneira, na análise técnica, instrumentos para a estratégia de negociação que levam em consideração o volume de negócios.

Como ficará mais claro ao longo desta seção, a análise técnica busca oportunidades de negócios por meio das tendências nos preços. A posição do investidor pode ser **comprada** – de forma que o investidor ganha com a alta do preço – ou uma posição **vendida** – o investidor tem ganhos quando há uma queda no preço – ou, até mesmo, uma posição **comprada-vendida** – quando o investidor negocia com mais de um ativo esperando tendências contrárias. Em suma, para obter ganhos, não importa se o mercado vai subir, importa que o investidor capte a tendência ou o *momentum*.

---

3 Há o momentum, *que é definido como o tempo para o preço da ação se aproximar do valor patrimonial. Não deve ser confundido com o indicador* momentum *de análise técnica, desenvolvido por John Murphy, que funciona como indicador de esgotamento de tendência, indicando o momento de compra e venda da ação (Bodie; Kane; Marcus, 2015).*

Antes de arrolarmos as principais ferramentas de análise técnica, mencionaremos alguns conceitos básicos importantes. O principal deles é o conceito dos *candlesticks*, que fornece certas informações de uma ação – abertura, fechamento, mínimo e máximo – para certo período. Cada *candle* pode representar 1 minuto, 5 minutos, 15 minutos, 1 hora, 1 dia, 1 semana ou até 1 mês. A opção pelo tempo depende de como se pretende fazer a análise técnica.

Como mostra a Figura 4.3, o *candlestick,* ou simplesmente *candle*, pode ser de alta (verde) ou de baixa (vermelho). Um *candle* de alta ocorre quando o preço de fechamento é maior do que o preço de abertura, e um *candle* de baixa ocorre quando o preço de fechamento é menor do que o preço de abertura.

Figura 4.3 – *Candlesticks* de alta e de baixa

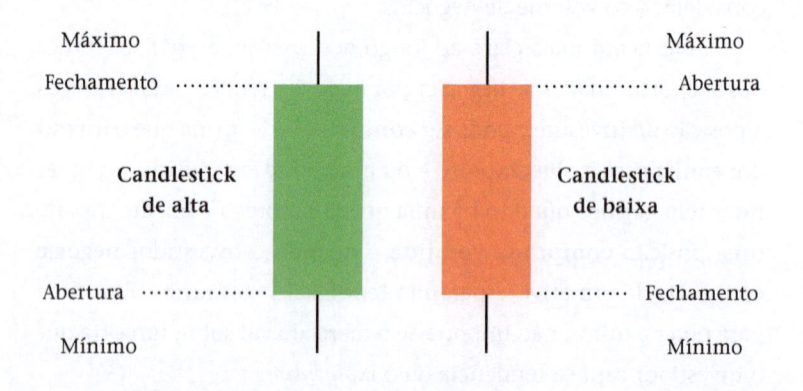

| Máximo | | | Máximo |
| Fechamento | ............. | ................ | Abertura |
| | Candlestick de alta | Candlestick de baixa | |
| Abertura | ................ | ............ | Fechamento |
| Mínimo | | | Mínimo |

Uma forma de representar a dinâmica do preço de alguma ação é utilizar *candles* para criar um gráfico. A análise desse gráfico por meio de certos instrumentos e de outras variáveis permite investigar algumas tendências nos preços. No Gráfico 4.1, é possível observar o comportamento em alguns meses de 2018 e começo de 2019 das ações ordinárias do Banco do Brasil.

Gráfico 4.1 – Gráfico das ações

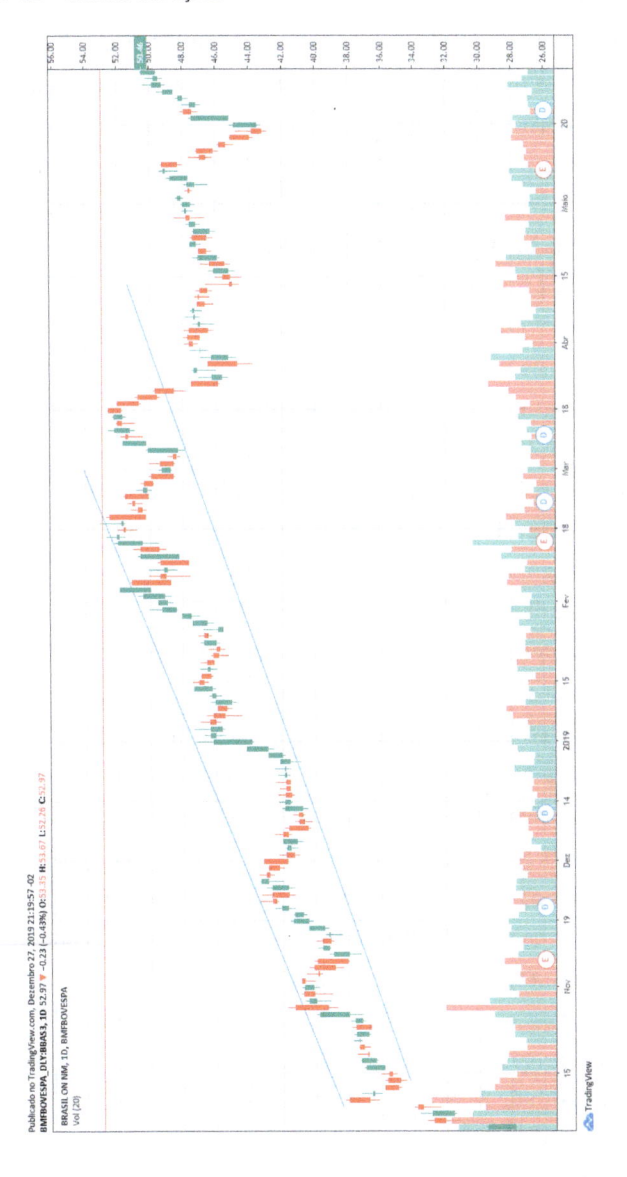

Fonte: Trading View, 2019.

No Gráfico 4.1, é possível buscar algumas tendências no preço das ações ordinárias do Banco do Brasil (BBAS3[4]). Uma das primeiras ferramentas que se pode analisar são as **retas de tendências**, nesse caso, representadas no gráfico pelas linhas azuis. Estas indicam que durante certo período o preço da ação apresentava uma tendência de alta. É possível notar que, após o rompimento da linha de alta, houve uma queda brusca no preço das ações.

As linhas de tendências podem ser usadas para movimento de baixa ou de movimentação lateral. Uma tendência de baixa permite ao investidor entrar no negócio com uma posição vendida, isto é, vendendo no presente ações que ainda não possui e recomprando as ações no futuro.

Outra ferramenta que pode ser aplicada à análise técnica é a **média móvel**, adotada quando as retas não se encaixam perfeitamente no gráfico, apresentando uma direção subjacente dos preços. A média móvel do preço de uma ação é o preço médio durante um período anterior, por exemplo, uma média móvel de 21 dias é a média do preço dos 21 dias anteriores ao atual.

O Gráfico 4.2 apresenta novamente o gráfico das ações do BBAS3, mas agora com a linha amarela representando uma média móvel de 27 dias. A média móvel é uma versão suavizada do gráfico. O rompimento de preços de baixo para cima ou de cima para baixo da média móvel, como indicado pelas setas na figura, são considerados pelo mercado sinais de reversão de tendência. Isso significa que, como indicam a primeira e a terceira setas, o rompimento de cima para baixo evidencia que, nos dias seguintes, o preço da ação iria cair. Por outro lado, o rompimento de baixo para cima, como apontam a segunda e a quarta setas do gráfico, indicavam que os preços iriam subir nos dias subsequentes.

---

4 *Nas bolsas de valores são utilizados códigos para identificar cada empresa, bem como se são ações ordinárias ou preferenciais.*

Gráfico 4.2 – Média móvel de 27 dias nas ações BBAS3

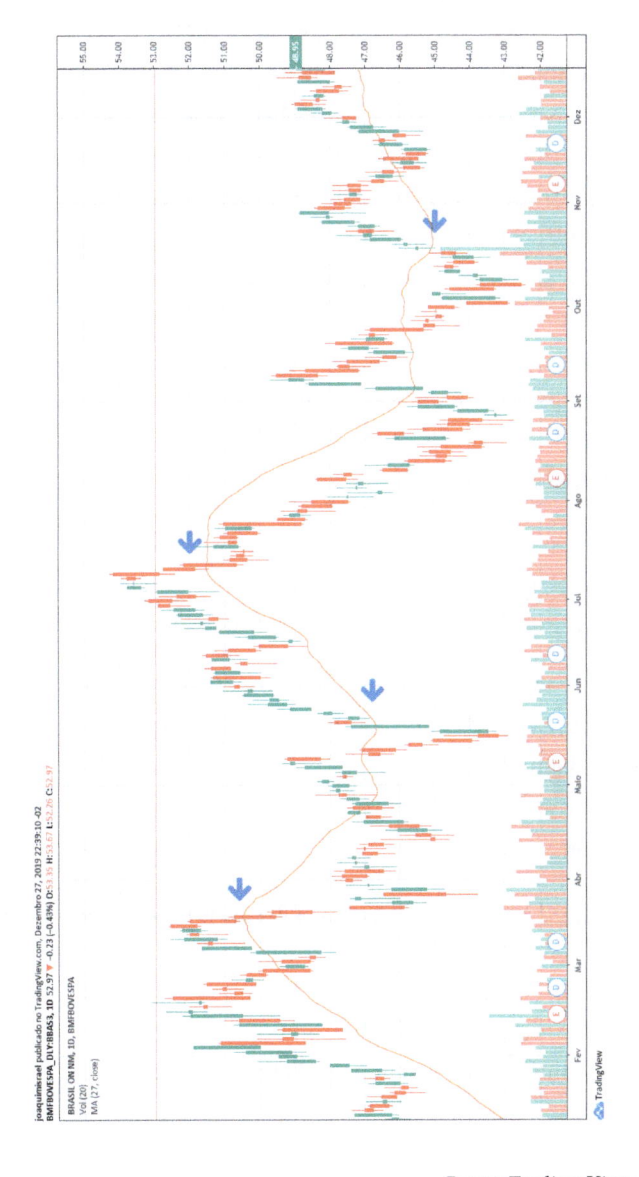

Fonte: Trading View, 2019.

Há dezenas de indicadores na análise gráfica para revelar expectativas e tendências nos preços das ações, além da média móvel e linhas de tendência, como ondas de Elliot, ondas de Kondratieff, Fibonacci, Bandas de Bollinger, padrão ombro-cabeça-ombro (Bodie; Kane; Marcus, 2015). Em suma, a conclusão aqui é que é possível utilizar instrumentos e conhecimentos do mercado financeiro para auxiliar no encontro de padrões e tendências dos preços. Obviamente, também é preciso ter em mente que padrões do passado não são garantia de repetição no futuro, bem como que é possível encontrar padrões que de fato não existem (erro metodológico), fatores que discutiremos no próximo capítulo.

## Para saber mais

A fim de que você possa ter mais subsídios para discutir as temáticas econômicas aqui abordadas e lançar um novo olhar sobre o comportamento humano, recomendamos que você assista ao documentário:

ODISSEIA. **Mente humana e dinheiro.** 2010. Disponível em: <https://www.youtube.com/watch?v=hs83I6IRJ94&t=165s>. Acesso em: 29 jul. 2020.

## Síntese

Neste capítulo, tratamos dos principais pontos sobre mercado financeiro. Inicialmente, mostramos a estrutura do SFN – mercado de crédito, mercado cambial, mercado de capitais, entre outros. Em seguida, discorremos sobre mercado de títulos públicos federais, clarificando conceitos importantes como taxa Selic e taxa Cetip. Na sequência, abordamos os produtos financeiros de renda fixa – CDB, RDB, DI, LC, LCA – e delineamos o papel desses produtos para empresas e investidores: de fonte de receita até uma forma de proteção às oscilações de mercado.

Versamos, ainda, sobre mercado acionário, apresentando o que são ações, assim como as diferenças entre ações preferenciais e ordinárias. Dando continuidade à abordagem, especificamos a função do mercado secundário de ações e explicamos como esse mercado precifica informações importantes. Por fim, demonstramos como funciona uma análise do tipo fundamentalista e do tipo gráfica.

## Questões para revisão

1. Explique o que é a taxa Selic e como ela se relaciona com os custos de *funding*.

    Para embasar seu texto, você pode ler a seguinte matéria:

    MARQUES, F. Queda da Selic é positiva para os bancos, avalia Moody's. **Valor Econômico**, 24 out. 2016. Disponível em: <https://valor.globo.com/financas/noticia/2016/10/24/queda-da-selic-e-positiva-para-os-bancos-avalia-moody-s.ghtml>. Acesso em: 27 jul. 2020.

    Considerando as informações da matéria jornalística indicada, redija um texto informativo explicando:

    a) o que é a taxa Selic;
    b) como essa taxa se relaciona com os custos de *funding*.

2. Leia o texto a seguir:

*A debênture é um título de crédito privado em que os debenturistas são credores da empresa e esperam receber juros periódicos e pagamento do principal – correspondente ao valor unitário da debênture – no vencimento do título ou mediante amortizações nas quais se paga parte do principal antes do vencimento, conforme estipulado em um contrato específico chamado "Escritura de Emissão".* (Portal do Investidor, 2020a)

Considerando as principais características das debêntures, avalie as afirmações a seguir:

I) As debêntures só podem ser emitidas por sociedades de capital fechado.
II) São utilizadas principalmente para financiar projetos de longo prazo ou reestruturar dívidas da empresa.
III) Geralmente apresentam taxas de juros acima da taxa Selic.
IV) A empresa pode emitir debêntures com taxas de juros prefixadas ou flutuantes.

Estão corretas apenas as afirmativas:

a) I e II.
b) II e III.
c) III e IV.
d) I, II e IV.
e) II, III e IV.

3. Leia o texto a seguir:

*Uma ação é um valor mobiliário, expressamente previsto no inciso I, do artigo 2º, da Lei 6385/76. No entanto, apesar de todas as companhias ou sociedades anônimas terem o seu capital dividido em ações, somente as ações emitidas por companhias registradas na CVM, chamadas companhias abertas, podem ser negociadas publicamente no mercado de valores mobiliários.* (Portal do Investidor, 2020b)

Com base no exposto, avalie as afirmações a seguir:

I) O mercado de ações é dividido em dois setores: o mercado primário, de lançamento de novas ações, e o mercado secundário, de negociação das ações já lançadas.

II) É por meio do lançamento de ações que a empresa encontra uma forma de financiamento.

III) O investidor que possui ações tem o direito de participar dos dividendos, desde que haja o apuro de lucros.

Estão corretas apenas as afirmativas:

a) I e II.
b) II e III.
c) I e III.
d) I, II e III.
e) Nenhuma das afirmativas.

4. Ainda sobre ações, avalie as afirmações a seguir no que se refere às características desse produto para os investidores:
   I) Há um potencial de rentabilidade alta, mesmo no curto prazo.
   II) O investidor, caso permaneça com ações, receberá dividendos periodicamente.
   III) O investidor precisa investir um volume grande de dinheiro.
   IV) Só é possível ganhar caso o mercado esteja em alta.

   Estão corretas apenas as afirmativas:

   a) I e II.
   b) II e III.
   c) III e IV.
   d) I, II e III.
   e) II, III e IV.

5. Leia o texto sobre análise técnica e observe o gráfico a seguir:

   *[A análise técnica é] Também chamada Análise Gráfica ou Grafista. É baseada na análise dos gráficos das cotações históricas das ações, procurando identificar padrões que sinalizem o comportamento futuro do papel. A partir dessas informações, procura-se identificar o momento adequado para recomendações de compra e venda desses títulos.* (Portal do Investidor, 2020c)

Gráfico 4.3 – Gráfico Petrobras

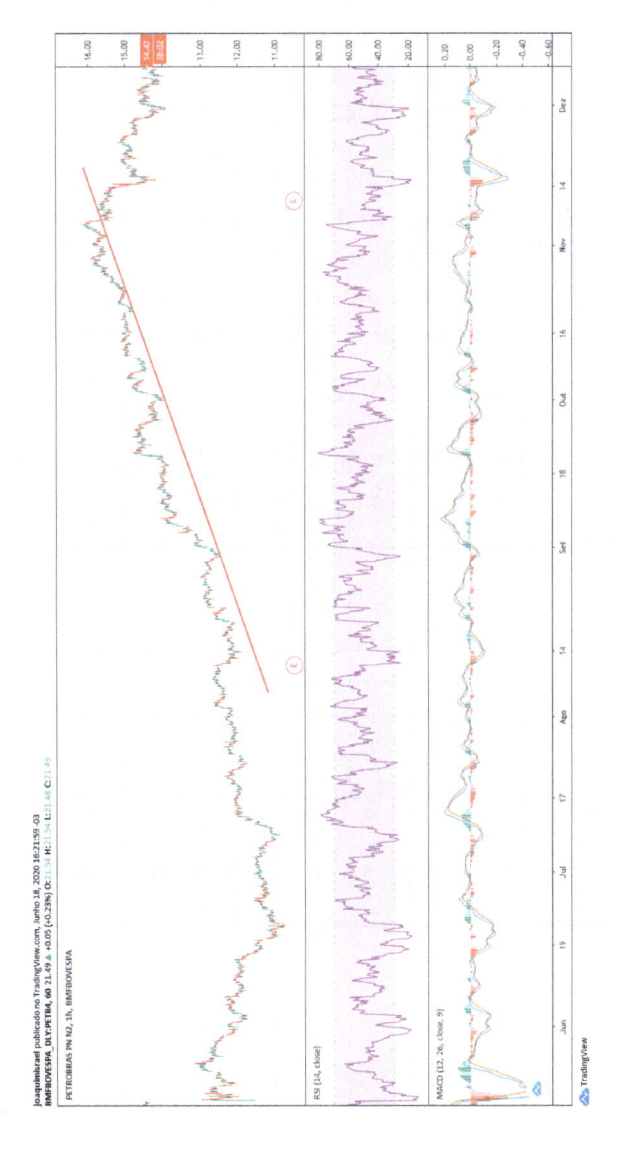

Fonte: Trading View, 2019.

Com base nessas informações, redija um texto informativo sobre o comportamento do gráfico da Petrobras.

## Questões para reflexão

1. Há alguns comportamentos típicos do investidor, como viés de confirmação, viés de ancoragem, falácia do jogador e autoconfiança excessiva. Pesquise sobre cada uma dessas tendências e como elas dificultam a melhor tomada de decisão. Por exemplo, o viés de ancoragem ocorre quando o investidor ou comprador já tem em mente certo preço baseado nas próprias experiências no passado ou quando comparado com o preço de outro produto similar. Isso sem dúvida é explorado por algumas marcas, como no caso de produtos importados, em que o cliente precifica acima do valor real do produto.

2. Pesquise como os robôs de investimentos funcionam e como o *machine learning* está mudando esse mercado. Em sua opinião, como fica o pequeno investidor nessa situação?

Capítulo 5
Análise de dados
econômicos

## Conteúdos do capítulo:

- Conceitos fundamentais de análise de dados.
- Distribuição normal.
- Introdução à econometria.
- Principais bases de dados.
- Principais *softwares* para análise de dados.

## Após o estudo deste capítulo, você será capaz de:

1. definir os conceitos fundamentais de estatística;
2. aplicar a distribuição normal à análise de dados;
3. explicar um dos principais ramos da economia para análise de dados;
4. utilizar as principais bases de dados empregadas na análise;
5. listar *softwares* para análise de dados disponíveis no mercado.

# (5.1)
# Estatística descritiva básica

Ao se ler um relatório ou ao se produzir um estudo, é comum ter de lidar com uma quantidade grande de dados, pois muitas vezes esses relatórios utilizam conceitos e métodos estatísticos. Esses dados podem fornecer informações de caráter quantitativo e qualitativo a respeito do objeto de análise, bem como análises de tendências e de correlação. Uma análise de conjuntura, por exemplo, sempre abrange conceitos de média, mediana, desvio-padrão, intervalo de confiança, entre outros. Portanto, antes de avançar na análise de conjuntura, é fundamental que você revise ou aprenda esses conceitos.

Inicialmente, revisaremos o que são variáveis qualitativas e variáveis quantitativas. *Grosso modo*, **variáveis qualitativas** se referem a atributos do indivíduo, como cidade onde reside, colégio onde estudou, formação dos pais, estado civil, escolaridade[1], grupo social a que pertence, entre outros. As **variáveis quantitativas**, por sua vez, envolvem uma contagem de dados, algo que possa ser somado ou diminuído. Como exemplo de dados quantitativos podemos citar renda, idade, gastos, nível de poupança, entre outros (Gujarati, 2006).

As variáveis quantitativas podem ainda ser classificadas como *discretas* ou *contínuas*. Variáveis discretas assumem valores inteiros, isto é, estão relacionadas à contagem de determinado evento ou ocorrência, não assumindo valores intermediários ou quebrados. Por exemplo, em dada análise, o número de filhos só pode assumir valores inteiros, sendo, portanto, uma variável discreta. Por sua vez, uma variável

---

[1] *A variável escolaridade pode ser considerada qualitativa se estivemos pensando em ensino básico, ensino médio, graduação. Entretanto, a variável passará a ser quantitativa se for considerada a quantidade de anos de estudo.*

contínua pode assumir valores quebrados. Alguns exemplos de variável contínua: comprimento, velocidade, temperatura, distância etc.

Quando se deseja obter informações sobre as variáveis estudadas, é preciso utilizar as chamadas *medidas de tendência central*, entre as quais se destacam: média aritmética simples e ponderada; média geométrica; média harmônica; mediana; percentil; e moda. A seguir, detalhamos cada uma delas.

A **média aritmética** é definida como a soma dos dados individuais de determinada amostra ou população, dividida pela soma do número total de elementos. Obviamente, trata-se da medida mais simples e comum em qualquer análise. Contudo, devem estar claros os possíveis problemas de se utilizar essa medida, principalmente no caso da dispersão dos dados. Como comentaremos mais adiante, a média funciona bem quando os dados apresentam uma distribuição dita *normal*. Distribuições de dados diferentes da normal levam ao enfraquecimento da média como informação válida (Gujarati, 2006).

Vale esclarecermos isso por meio de um exemplo. Imagine um grupo de 20 pessoas que apresentam renda mensal conforme mostrado na tabela a seguir.

Tabela 5.1 – Renda mensal de 20 indivíduos

| Indivíduo | Renda ($) |
|---|---|
| 1 | 1.359 |
| 2 | 1.412 |
| 3 | 1.701 |
| 4 | 1.250 |
| 5 | 1.635 |
| 6 | 1.422 |

*(continua)*

*(Tabela 5.1 – conclusão)*

| Indivíduo | Renda ($) |
|---|---|
| 7 | 1.399 |
| 8 | 1.502 |
| 9 | 1.452 |
| 10 | 1.810 |
| 11 | 9.582 |
| 12 | 9.670 |
| 13 | 10.500 |
| 14 | 12.420 |
| 15 | 8.850 |
| 16 | 10.850 |
| 17 | 11.250 |
| 18 | 9.800 |
| 19 | 10.200 |
| 20 | 11.900 |

Levando em conta a renda dos 20 indivíduos, obtém-se uma renda mensal média de $ 5.998,20. Entretanto, observe que essa medida de renda média gera uma falsa impressão sobre os dados. Quando são considerados os dez primeiros indivíduos, nota-se que a renda oscila entre $ 1.250 e $ 1.810; e, quando são observados os indivíduos seguintes, a renda oscila entre $ 8.850 e $ 12.420. Portanto, é preciso ter cuidado ao utilizar a média aritmética, principalmente quando a distribuição de dados apresenta algum viés.

Em casos em que há a repetição de dados na amostra, emprega-se a **média ponderada**. O princípio dessa média é simples: cada valor único é multiplicado por 1, e os valores iguais que se repetem são multiplicados (ponderados) pelo número de vezes que eles ocorrem.

Outra medida de tendência central é a **média geométrica**, calculada por meio da seguinte fórmula:

$$G = \sqrt[I]{x_1 \times x_2 \times x_3 \times \ldots \times x_i}$$

Quando deve ser adotada essa medida? Ela é empregada quando na amostra há diferentes itens que muitas vezes oscilam em escalas distintas. O valor encontrado é uma representação mais correta da amostra, principalmente quando ocorre uma oscilação de valores. Suponha que se deseja acompanhar a nota de certo aluno em duas matérias. Entretanto, cada professor utiliza uma escala diferente de notas: o primeiro, uma escala de 0 a 5; e o segundo, de 0 a 100. A média geométrica, nesse caso específico, permite normalizar os alcances: nenhuma nota dominará os pesos e uma mudança percentual em qualquer das notas terá o mesmo efeito na média geométrica.

A média geométrica é recomendada para calcular médias de crescimento, como média de crescimento da receita anual de uma empresa. Em economia, também é utilizada para o cálculo de índices financeiros, bem como em alguns índices de inflação.

A terceira medida de tendência central é a **média harmônica**, usualmente empregada em situações em que os fenômenos analisados variam em sentido inverso. Em economia, essa medida é utilizada no Índice de Paasche[2] para cálculo da inflação. A média harmônica é calculada pela seguinte equação:

$$H = \frac{n}{\dfrac{1}{x_1} + \dfrac{1}{x_2} + \dfrac{1}{x_3} + \ldots + \dfrac{1}{x_n}}$$

---

2  O *Índice de Paasche é uma das formas de ponderação de preços e quantidades, sendo largamente utilizado para cálculo dos índices de inflação.*

A média harmônica caracteriza-se por reduzir o impacto de grandes valores atípicos na amostra e aumentar o peso dos pequenos valores. Convém compararmos o comportamento dessas três médias, observando os resultados das médias para os valores da Tabela 5.1:

- Média aritmética: 5.998,20
- Média geométrica: 3.940,17
- Média harmônica: 2.587,23

A medida de tendência **mediana**, por sua vez, é definida como o valor que ocupa a posição central de uma sequência qualquer, independentemente de ser crescente ou decrescente. Essa medida representa o valor exato que divide a distribuição em duas metades iguais. A mediana e a média aritmética coincidem quando a distribuição dos valores é simétrica (Gujarati, 2006).

A mediana é utilizada para representar algumas projeções em economia, como expectativas de inflação ou de crescimento do Produto Interno Bruto (PIB). Explicaremos no próximo capítulo como a mediana aparece no Relatório Focus[3] para descrever expectativas de mercado.

Das medidas de tendências, a mais simples é a **moda**, que é, sinteticamente, o valor com o maior número de ocorrências em uma série. Quando a série apresenta mais de uma moda, ela é denominada *plurimodal*. Esta tende a ser pouco utilizada na economia, sendo empregada como uma descrição adicional de uma base de dados.

---

3   O *Relatório Focus* resume as expectativas das principais consultorias econômicas do Brasil com relação às mais relevantes variáveis econômicas.

Há também o conceito de **percentil**, que separa o conjunto de dados em partes proporcionais. Envolve o procedimento de dispor a série de dados em ordem crescente, dividir o número total de indivíduos por 100 e multiplicar o resultado pelo percentil desejado. Imagine que você obteve dados referentes aos gastos de 250 pessoas e deseja identificar o último indivíduo entre os 10% que mais gastam, ou seja, 90% das pessoas da amostra gastam menos do que esse indivíduo. Para descobrir quem é essa pessoa específica, a série de dados deve ser disposta em ordem crescente e resolvida da seguinte forma:

$$P_{90} = \frac{250}{100} \times 90 = 225$$

Portanto, é o indivíduo 225 na ordem crescente de gastos o último entre os 10% das pessoas que mais gastam.

Por fim, ainda no que diz respeito às estatísticas descritivas, convém apresentarmos a principal medida de variabilidade utilizada na economia, o **desvio-padrão**. Essa medida informa se a distribuição dos dados é mais homogênea (quando os valores estão mais concentrados) ou mais heterogênea (com valores esparsos entre si). A definição de desvio-padrão é dada como a raiz quadrada da razão entre a média dos desvios – calculada pela diferença (ou pela subtração) de cada valor pela média aritmética da amostra – elevados ao quadrado, ou como a raiz quadrada da **variância**. Matematicamente representa-se o desvio-padrão pela equação:

$$dp(x) = \sqrt{\frac{\sum_{i=1}^{n}(x_i - \bar{x})^2}{n}}$$

As medidas citadas nesta seção são de suma importância para compreender e elaborar relatórios de análise de conjuntura, mesmo quando utilizadas indiretamente. Nas seções a seguir, avançaremos na abordagem da volatilidade e da distribuição dos dados.

## (5.2)
## Distribuição normal

A distribuição de probabilidade teórica mais conhecida na estatística é a **distribuição normal**, cuja representação, em forma de sino, é relativamente familiar para aqueles que têm algum conhecimento em estatística. Usualmente, essa distribuição tem aplicações variadas, abrangendo aspectos como altura, peso e inteligência. Teoricamente, qualquer variável que é resultado de outras variáveis aleatórias apresenta uma distribuição normal; por exemplo, o erro de um conjunto de máquinas durante certo período de tempo.

A distribuição normal permite aplicar o mesmo raciocínio para o mercado financeiro. Como explicam Bodie, Kane e Marcus (2015), quando as expectativas de retorno nos preços dos ativos são racionais, as taxas de retorno reais devem ser distribuídas normalmente considerando-se essas expectativas. É provável que você, leitor, realize isso de maneira indireta e intuitiva em suas avaliações corriqueiras. Para verificar se isso é verdadeiro, imagine que alguém comenta que está obtendo 15% por mês de retorno nos investimentos, e você sabe que o retorno dos rendimentos do restante da população varia entre valores próximos a 1% ao mês; naturalmente, você pensará que algo está errado por essa situação ser muito rara ou difícil de acontecer.

Observe, a seguir, o Gráfico 5.1, que apresenta a distribuição normal, completamente caracterizada por dois parâmetros, a média (μ) e o desvio-padrão (σ).

Gráfico 5.1 – Distribuição normal

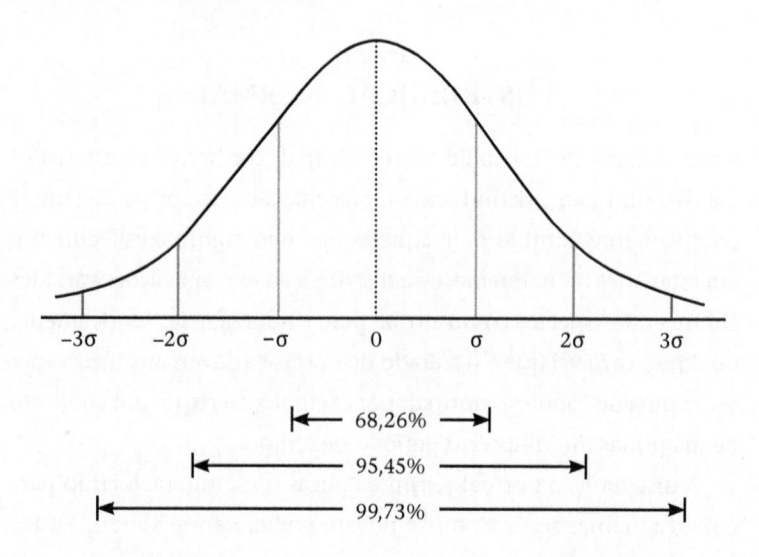

```
        -3σ   -2σ   -σ    0    σ    2σ   3σ
                    |←— 68,26% —→|
              |←———— 95,45% ————→|
        |←———————— 99,73% ————————→|
```

Fonte: Gujarati, 2006, p. 714.

Reproduzimos agora algumas características dessa distribuição conforme o proposto por Gujarati (2006):

- A distribuição normal é simétrica ao redor da sua média (μ).
- Aproximadamente 68% dos valores situam-se entre a média e um desvio-padrão a mais ou a menos (μ + σ, μ – σ). Cerca de 95% dos valores ficam entre a média e dois desvios-padrões a mais ou a menos (μ + 2σ, μ – 2σ). Por fim, 99,73% dos valores se localizam entre o valor médio e três desvios-padrões a mais ou a menos (μ + 3σ, μ – 3σ);

- Uma variável é também normalmente distribuída quando esta é a combinação de duas ou mais variáveis normalmente distribuídas;
- A média e a variância de uma variável aleatória com distribuição normal são independentes no sentido de que uma não é função da outra.

Mas como uma distribuição normal se relaciona com uma análise de cenário? Analisemos um exemplo para chegarmos a uma resposta. Suponha que a receita diária de certa empresa é aleatória. Depois de tabelar as receitas de diversos dias, obteremos dado valor médio e um desvio-padrão. Com base nessas informações, é possível proceder a uma análise de cenário simplificada, desenhando as probabilidades de cenários futuros. Indiretamente, a obtenção do valor do desvio-padrão relaciona-se com o risco; e pode-se estimar um valor de probabilidade de grandes variações da receita – abaixo ou acima da média.

Outra dúvida que pode estar rondando sua mente, leitor, é: Até que ponto as distribuições das receitas se enquadram numa curva normal para justificar a utilização da distribuição normal na análise de conjuntura? Em diversas situações, uma distribuição normal de determinada variável não se verifica na realidade, mesmo que seja obtida uma grande série de dados. Por exemplo, o retorno de certo ativo pode apresentar retorno negativo em algumas situações. Entretanto, isso não invalida o emprego dessa distribuição em diferentes casos.

Um dos índices amplamente utilizados pelos gestores de fundos financeiros e que considera que os retornos são normalmente distribuídos é o **índice de Sharpe (IS)**, que é definido dado por:

$$IS = \frac{r_i - r_f}{\sigma_i}$$

Em que:

- $r_i$ = retorno da carteira de ativos ou fundo de investimento
- $r_f$ = retorno do ativo livre de risco – geralmente utiliza-se taxa deposito interbancário (DI)
- $\sigma_i$ = desvio-padrão da carteira de ativos/fundo

A diferença entre o retorno da carteira e a taxa DI é chamada de *prêmio de risco* e o desvio-padrão da carteira termo é denominado *volatilidade*. Essa medida de recompensa/volatilidade, que indica a atratividade da carteira de investimentos, é amplamente utilizada para avaliação do desempenho de gestores dos fundos de investimentos e o interesse de novos investidores.

Entretanto, em diversas situações, os dados formam uma curva assimétrica, podendo ser assimétrica para a direita – com predominância de dados acima da média – ou para a esquerda – com predominância de dados abaixo da média.

Considerando uma situação de retorno financeiro de certos ativos, quando a distribuição é positivamente assimétrica (inclinada para a direita), há uma superestimação do risco, pois resultados extremamente positivos aumentam a volatilidade, mas não resultam algo negativo para o investidor. Já quando a distribuição é negativamente assimétrica, há uma subestimação do risco, pois situações que impactam negativamente o investidor não são adequadamente representadas pelo desvio-padrão.

Há diversas formas de controlar a assimetria na distribuição dos dados; para o Índice de Sharpe, existe a variação chamada de *índice Sortino*, que aplica o desvio-padrao parcial inferior dos retornos em excesso, isto é, é um desvio-padrão usual que abrange somente os retornos "ruins" no cálculo. Há também o índice de Treynor, que deixa de usar o desvio-padrão no denominador e aplica o risco sistêmico. Outro indicador que visa minimizar os efeitos da assimetria de retornos é o Return Over Maximum Drawdown (RoMaD).

Em síntese, nesta seção explicamos o que é a distribuição normal e como, com base nela, é possível inferir alguns cenários, bem como criar índices que apontam como uma carteira de investimentos está rendendo em relação à volatilidade.

## (5.3)
## INTRODUÇÃO A ECONOMETRIA

Nesta seção, apresentaremos a metodologia clássica ou tradicional que os economistas utilizam para a análise de um problema econômico. Esse método se expandiu ao longo do tempo e é utilizado hoje por diversas **áreas, como** mercado financeiro, previsões em esportes, análise de políticas educacionais, comportamento do consumidor, entre outras.

Como explica Gujarati (2006, p. 2):

> *Em termos gerais, o método econométrico tradicional segue as seguintes etapas: 1) exposição da teoria ou hipótese; 2) especificação do modelo matemático da teoria; 3) especificação do modelo estatístico ou econométrico; 4) obtenção dos dados; 5) estimação dos parâmetros do modelo econométrico; 6) teste de hipóteses; 7) projeção ou previsão; 8) uso do modelo com fins de controle ou de política.*

A análise econométrica (etapa 1) fundamenta-se em uma teoria para embasar o relacionamento entre as variáveis; a premissa é de que a relação causal de A para B tem, *a priori*, uma explicação teórica. Podemos citar, como exemplo, a teoria de Keynes (1996, p. 118) sobre a relação entre renda e consumo: "os homens estão dispostos, de modo geral e em média, a aumentar o seu consumo à medida que a sua renda cresce, embora não em quantia igual ao aumento de sua renda".

Com relação à etapa 2, a matemática é também uma linguagem; portanto, há a possibilidade de traduzir uma teoria para fórmulas e equações. Continuando o exemplo, muitas das hipóteses formuladas por Keynes (1996) foram transformadas em equações pelo economista John Hicks. No caso da relação do consumo e da renda, pode-se aplicar a seguinte função:

$$Y = \beta_1 + \beta_2 X;\ 0 \leq \beta_2 \leq 1$$

Em que:

- $Y$ = gastos em consumo
- $X$ = renda
- $\beta_1$ = intercepto
- $\beta_2$ = coeficiente angular

Essa função é usualmente chamada de *função consumo*, e o coeficiente angular da equação indica a propensão marginal a consumir (PMC).

Na terceira etapa, uma vez entendido o modelo matemático, deve-se considerá-lo uma relação determinística das relações entre as variáveis, reconhecendo, porém, que isso não se confirma na realidade. Usualmente, no dia a dia de um analista de economia, as relações e os resultados são aproximados, não sendo possível obter sempre aquilo que se espera. Para a ciência econômica, os métodos estatísticos servem para dissolver esse problema. Para o nosso exemplo, isso ocorreria com a obtenção dos dados de consumo e renda de diversas famílias. A função econométrica seria a seguinte:

$$Y = \beta_1 + \beta_2 X + u$$

Em que:

- u = termo de erro, ou distúrbio

Esse termo de erro incorpora todos os fatores que afetam o consumo, mas que não estão especificados, como a renda, na função econométrica. O termo de erro também é o valor que distancia os valores de consumo da reta prevista teoricamente.

Na quarta etapa, tem-se a obtenção de dados. Detalharemos na próxima seção as diversas bases de dados disponíveis. Aqui, no exemplo em análise, como se trata de renda e consumo, haveria inicialmente duas opções: a primeira, contratar pesquisadores ou um instituto para perguntar para diversas famílias a situação de renda e consumo de cada uma delas; a segunda, obter dados secundários e mais gerais como a Pesquisa de Orçamentos Familiares (POF) ou a Pesquisa Nacional por Amostra de Domicílios (PNAD), divulgadas pelo Instituto Brasileiro de Geografia e Estatística (IBGE).

Para facilitar o entendimento, mostramos, na Tabela 5.2, alguns dados simulados de renda e consumo de 28 famílias[4].

Tabela 5.2 – Renda e consumo de 28 famílias

| Família | Renda (R$) | Consumo (R$) | Família | Renda (R$) | Consumo (R$) |
|---|---|---|---|---|---|
| 1 | 2.890 | 2.458 | 15 | 4.165 | 3.225 |
| 2 | 2.925 | 2.510 | 16 | 4.200 | 3.050 |
| 3 | 3.100 | 2.610 | 17 | 4.235 | 4.100 |

*(continua)*

---

4 *Recomendamos que você, leitor, caso não saiba fazer uma regressão estatística em um editor de planilhas, como o Microsoft Excel, replique esse exemplo.*

*(Tabela 5.2 – conclusão)*

| Família | Renda (R$) | Consumo (R$) | Família | Renda (R$) | Consumo (R$) |
|---|---|---|---|---|---|
| 4 | 3.150 | 2.653 | 18 | 4.298 | 3.390 |
| 5 | 3.250 | 2.700 | 19 | 4.340 | 3.450 |
| 6 | 3.410 | 2.768 | 20 | 4.410 | 3.680 |
| 7 | 3.525 | 2.800 | 21 | 4.525 | 3.100 |
| 8 | 3.670 | 3.000 | 22 | 4.610 | 3.750 |
| 9 | 3.710 | 4.200 | 23 | 4.725 | 3.860 |
| 10 | 3.825 | 3.805 | 24 | 4.760 | 3.900 |
| 11 | 3.890 | 2.900 | 25 | 4.860 | 4.100 |
| 12 | 3.925 | 2.940 | 26 | 4.900 | 3.980 |
| 13 | 4.010 | 3.100 | 27 | 5.050 | 4.025 |
| 14 | 4.105 | 3.250 | 28 | 5.090 | 3.860 |

Com os dados obtidos, passa-se para a etapa 5 do método econométrico.

Adiante neste capítulo, versaremos sobre os diversos *softwares* disponíveis para uma análise de regressão. No exemplo da Tabela 5.2, como envolve somente duas variáveis, uma independente (consumo) e uma dependente (renda), é possível realizar essa análise por meio do *software* Microsoft Excel. Para isso, seleciona-se a opção Análise de dados, na guia Dados. Muitas vezes essa opção está desabilitada; para resolver isso, é necessário acessar a seguinte sequência: guia Arquivo, Opções, Suplementos, Análise de dados. Selecionam-se os dados de renda para X, e os dados de consumo para Y. Dessa forma, obtém-se as seguintes estimativas de $\beta_1$ e $\beta_2$. No exemplo ora em foco, os valores obtidos foram 571,95 e 0,677, respectivamente. Portanto, a função consumo estimada é a seguinte:

$$\hat{Y} = 571{,}95 + 0{,}677 X_i$$

O sinal acima do Y evidencia que se trata de uma estimativa. Os resultados indicam que a PMC dessas famílias é de aproximadamente 0,67, sugerindo que, um aumento de 1 real na renda faz o consumo crescer, em média, 67 centavos.

Se o interesse fosse buscar uma explicação mais completa sobre o comportamento do consumo, envolvendo número maior de variáveis (por exemplo, além da renda, fosse considerado o nível de patrimônio de cada família), a análise de regressão seria mais complexa. Diante disso, seria necessário recorrer a outro *software* estatístico, pois o Microsoft Excel só permite trabalhar duas variáveis por regressão.

Na sexta etapa do método econométrico, inicia-se o teste de hipótese. Nesse momento, o analista verifica se as estimativas obtidas estão de acordo com as expectativas da teoria em investigação. Analisando a citada relação entre consumo e renda, Keynes (Heilbroner, 1996) esperava encontrar PMC positiva e menor do que 1. Os resultados obtidos indicaram que a PMC das famílias é de aproximadamente 0,67. Entretanto, antes de aceitar isso como uma confirmação da teoria, é válido adotar o ramo conhecido como *inferência estatística*, que visa checar se os parâmetros amostrais estimados condizem com os parâmetros da população; isso quer dizer que, com a inferência estatística é possível saber se o 0,67 da PMC das 28 famílias é similar à PMC do restante da população.

Na sétima etapa, é feita a projeção ou previsão segundo o modelo econométrico. Quando a função estimada não refuta a teoria em foco, é possível utilizá-la para prever o valor futuro da variável dependente Y, com base no valor futuro conhecido ou esperado para a variável X. Por exemplo, mantendo os resultados estimados, suponhamos não serem conhecidos os dados de consumo da 28ª família, mas somente sua renda, de R$ 5.090,00. Substituindo esse valor na função estimada, tem-se que:

$$\hat{Y} = 571,95 + 0,677 \, (5.090)$$
$$\hat{Y} = 4.017,88$$

Portanto, o valor esperado de consumo para a 28ª família é de R$ 4.017,80. Todavia, o valor de consumo efetivamente registrado foi de R$ 3.860,00. Desse modo, o modelo superestimou as despesas de consumo em cerca de R$ 157,00, sendo esse valor o **erro de previsão**. A existência do erro de previsão não é um problema em si, pois é fato comum nas estimações estatísticas; contudo, configura-se um problema quando o erro de previsão é de grande magnitude.

Qual é a praticidade de estimar essas funções? Consideremos uma aplicação possível: caso um governante queira ampliar a política de distribuição de renda como estímulo da economia, é necessário saber qual é a relação entre renda e consumo. Assim, imaginando que a renda seja muito pequena em determinada população, é bem provável que uma política de distribuição de renda gere um efeito diminuto no consumo.

Na oitava e última etapa, é utilizado o modelo para fins de controle ou de política. Observando novamente a Tabela 5.2, suponha que um governo pretende atingir um consumo familiar de R$ 5.000,00. Qual seria o nível de renda que garantiria esse montante de consumo?

Se a função estimada se mantiver correta, basta fazer uma simples substituição aritmética:

$$5.000 = 571,95 + 0,677X$$
$$X = 6.540,69$$

Portanto, um nível de renda de R$ 6.540,69 com uma PMC de 0,677, resultará em um consumo de cerca de R$ 5.000,00.

Em suma, a função estimada do consumo poderia ser aplicada na formulação de políticas de governo. Obviamente, os modelos atuais são bem complexos e demandam um grande rigor científico, pois as relações entre as variáveis no mundo real são mais complicadas do que no exemplo de renda e consumo. E dessa complexidade surge uma diversidade de problemas metodológicos.

Entre as dificuldades de se construir um modelo econométrico, uma das mais comuns é não encontrar as variáveis corretas ou a base de dados necessária. Quando pesquisadores se deparam com esse obstáculo a solução, geralmente, é recorrer para a chamada *variável proxy* – definida como a variável mais próxima daquela desejada, caracterizando-se como uma medição indireta. Um exemplo prático seria lançar mão dessa variável para mensurar o nível de inovação de uma sociedade; como não existe um índice claro para esse cálculo, é possível utilizar o número de patentes ou registros de novas tecnologias em dado período.

Outro problema com o qual todo analista econômico deve tomar cuidado está relacionado à forma funcional do modelo especificado, pois este pode estar tratando de variáveis lineares e não lineares simultaneamente. Quando se faz opção por um modelo de somente duas variáveis – dependente e independente –, especificar a forma funcional é mais fácil, principalmente nos casos em que se busca o auxílio de gráficos de dispersão para se observar o comportamento dos dados. Por exemplo, se considerado um gráfico que mostre a relação entre renda e anos de estudo, é bem provável que essa relação não seja linear, pois usualmente o fator educação deixa de gerar o mesmo efeito sobre o fator renda depois de certa quantidade de anos de estudo. Muitas vezes, a solução para casos como o do exemplo é utilizar uma função log-nível[5] para a econometria.

Em um modelo de regressão múltipla, com diversas variáveis dependentes, determinar a relação funcional adequada exige mais esforço, pois não é fácil visualizar gráficos de dispersão de dados com múltiplas dimensões.

Por fim, outra situação a que todo analista de dados deve prestar atenção metodologicamente é a questão da correlação e causalidade. Com frequência, quando inicialmente observadas as variáveis, pode ser notado que ambas se comportam se maneira muito similar, atingindo, portanto, um coeficiente alto de correlação. Nesse caso, naturalmente há a tendência de acreditar que foi encontrada uma relação de causação, isto é, que A causa B. Entretanto, esta pode ser uma falsa inferência, ou seja, a análise descritiva dos dados indica a correlação, mas, teoricamente, ou por outros métodos, a causalidade não existe; eis aí a origem da a famosa frase "Correlação não implica causalidade".

Alguns *sites* se especializaram em "brincar" com as chamadas *correlações espúrias*. Há diversos casos excêntricos de correlação entre duas variáveis, eis alguns exemplos: uma correlação de 98,5% entre a receita das casas de fliperamas/jogos e o número de doutores em ciência da computação; uma correlação de 95% entre a taxa de casamento no estado estadunidense do Kentucky e o número de pessoas afogadas após caírem de um barco de pesca (Vigen, 2020). Esses exemplos mais exagerados mostram que deve haver um cuidado

---

5 *Nesse tipo de função log-nível, a variável dependente ou independente pode estar em nível ou em log, e o restante da equação pode estar ao contrário, em log ou em nível.*

metodológico para que, mesmo sendo encontrada uma correlação alta entre as variáveis, ela não seja considerada uma relação de causalidade. Há algumas medidas que podem ser tomadas para se confirmar a causalidade; uma delas é verificar se a relação tem um sentido lógico e teórico, e se, ao ser replicado o experimento com outros dados e outra metodologia, os resultados são mantidos.

Em suma, nesta seção nos propusemos a apresentar um dos principais ramos da economia, a econometria, que visa explicar a relação entre variáveis. Detalhamos o passo a passo desse ramo da ciência e citamos alguns dos cuidados metodológicos que devem ser tomados por quem deseja realizar uma análise estatística.

> **Para saber mais**
>
> Para descontrair um pouco no final de semana e, ao mesmo tempo, conferir como os métodos estatísticos podem ser úteis, assista ao filme *Moneyball* ou *O homem que mudou o jogo*. Nesse longa-metragem, você poderá acompanhar a história de um economista de Yale (vivido pelo ator Jonah Hill), contratado por um gerente de equipe de *baseball* (vivido por Brad Pitt) para melhorar o nível da equipe, sem aumentar os custos. Para isso, o economista utiliza um método estatístico conhecido como On-base Plus Slugging (OPS).
>
> MONEYBALL: o homem que mudou o jogo. Direção: Bennett Miller. EUA: Sony Pictures, 2011. 133 min.

## (5.4)
## BASES DE DADOS

Nesta seção, trataremos de uma fase importante para qualquer análise, a obtenção de dados. Essa é uma contribuição deste livro, pois são raros os textos que apresentam as fontes de dados que servem de base para se iniciar uma pesquisa.

Listamos a seguir diversas fontes para diferentes dados socioeconômicos.

- **Banco Central do Brasil (Bacen)** – É a principal fonte de dados para tudo o que se relaciona com balanço de pagamentos, moeda, câmbio, dados sobre dívida externa e dívida interna, dados sobre emissão de títulos públicos, dados sobre taxas de juros e poupança e operações de crédito.
- **Banco Mundial/World Development Indicators (WDI)** – O *site* do Banco Mundial fornece dados sobre economia internacional, PIB e outros indicadores de diferentes países.
- **Confederação Nacional da Indústria (CNI)** – Além de compilar dados sobre comércio internacional, emprego e produção, a CNI faz cálculos sobre percepção e expectativas da indústria e do governo.
- **Fundação Getulio Vargas/Instituto Brasileiro de Economia (FGV/IBRE)** – Calcula alguns índices de inflação e da capacidade instalada da indústria.
- **Departamento Intersindical de Estatística e Estudos Socioeconômicos (Dieese)** – Acompanha dados sobre o índice de preços da cesta básica de consumo da população.
- **Instituto de Pesquisa Econômica Aplicada (Ipea)** – Certamente esta é uma das bases de dados em economia mais completas; fornece dados de emprego, câmbio, comércio exterior,

contas nacionais, indicadores sociais, renda, segurança pública e investimento.

- **Agências reguladoras** – **Agência Nacional de Aviação Civil (Anac)**, **Agência Nacional de Transporte Aquaviário (Antaq)**, **Agência Nacional de Telecomunicações (Anatel)** e **Agência Nacional de Petróleo, Gás Natural e Biocombustíveis (ANP)** – Compilam dados sobre transporte (aviação e aquaviário), dados sobre produção de petróleo, e número de telefones fixos e móveis no Brasil.

- **Datasus** – *Site* do Sistema Único de Saúde (SUS) que apresenta dados sobre segurança pública, número de homicídios, dados sobre atendimento hospitalar, número de UTIs (Unidade de Terapia Intensiva).

- **Federação do Comércio do Estado de São Paulo (Fecomércio/SP)** – A federação calcula o Índice Firjan de Desenvolvimento de Municipal (IFDM), que acompanha anualmente o desenvolvimento socioeconômico dos municípios brasileiros. Configura-se como uma *proxy* para qualidade institucional.

- **Fundação Instituto de Pesquisa Econômicas** (Fipe) – Calcula o Índice de Preços ao Consumidor (IPC) e fornece um dos principais índices de preços de venda e locação de imóveis no país, o Índice FipeZap.

- **Instituto Brasileiro de Geografia e Estatística (IBGE)** – Sem dúvida, esta é a principal fonte de dados no Brasil. O Instituto publica dados sobre agropecuária, consumo e vendas, contas financeiras nacionais (PIB) e estaduais, mercado de trabalho, inflação (IPCA), dados populacionais, produção industrial, dados sobre o setor de serviços e comércio, além de projeções para a população, abordando taxas de fecundidade e mortalidade.

- **Gapminder Foundation** – Disponibiliza uma das ferramentas mais interessantes para apresentação de dados demográficos e econômicos de diversos países. Além disso, o *site* da fundação permite gerar gráficos dinâmicos e de dispersão de dados.
- **Portal Brasileiro de Dados Abertos** – *Site* oficial que organiza e disponibiliza os dados produzidos pelo governo federal. Há versões similares de alguns governos estaduais, como o de São Paulo e o do Rio de Janeiro.
- **Open Data Inception** – Esse *site* reúne 2.600 páginas eletrônicas de dados de todo o mundo. É recomendado para quem deseja começar uma pesquisa sobre outro país e não sabe por onde iniciar.
- **Eurostat** – Trata-se de uma organização estatística que produz e aperfeiçoa os dados econômicos da Zona do Euro, incluindo contas nacionais, estatísticas agrícolas e sociais, bem como dados agrupados de empresas.
- **Portal da Transparência** – Disponibiliza dados de orçamento, despesas e receitas, licitações e contratos, recursos transferidos, convênios e gastos com servidores. O *site* evoluiu muito e permite visualizar os dados por meio de gráficos e fazer *download* desses dados.
- **LexML** – É um *site* especializado em informação jurídica e legislativa. Apresenta, por meio de um buscador, leis, decretos, acórdãos e projetos de leis nas esferas federal, estadual e municipal de algum tema pesquisado.
- **Knoema** – *Site* que agrupa dados de diversos países e várias fontes, oferecendo também ferramentas para modelar e visualizar esses dados.

- **Data.Go** – *Site* do governo americano que disponibiliza dados sobre agricultura, clima, educação, finanças, energia, ciência, pesquisa, meio ambiente, entre outros. O *site* ainda faz conexão com a plataforma GeoPlatform.gov, que reúne dados geográficos.
- **B3** – O *site* da bolsa de valores oficial do Brasil disponibiliza dados de títulos, fundos e ações negociados. É possível fazer o *download* de séries históricas de cotações.

**Para saber mais**

Tendo conhecido o caráter dessas importantes fontes de pesquisa, acesse as páginas eletrônicas de cada uma para se familiarizar com as ferramentas de busca e obter informações importantes:

ANAC – Agência Nacional de Aviação Civil. **Dados e estatísticas**. Disponível em: <https://www.anac.gov.br/assuntos/dados-e-estatisticas>. Acesso em: 10 jun. 2020.

ANATEL – Agência Nacional de Telecomunicações. **Plano de dados abertos da Anatel**. 10 abr. 2015. Disponível em: <https://www.anatel.gov.br/institucional>. Acesso em: 10 jun. 2020.

ANP – Agência Nacional de Petróleo, Gás Natural e Biocombustíveis. **GeoANP**. 2 abr. 2019. Disponível em: <http://www.anp.gov.br/exploracao-e-producao-de-oleo-e-gas/dados-tecnicos/geoanp>. Acesso em: 10 jun. 2020.

ANTAQ – Agência Nacional de Transportes Aquaviários. Disponível em: <http://portal.antaq.gov.br>. Acesso em: 10 jun. 2020.

B3 – Brasil Bolsa Balcão. Disponível em: <http://www.b3.com.br/pt_br>. Acesso em: 10 jun. 2020a.

BCB – Banco Central do Brasil. **SGS**: Sistema Gerenciador de Series Temporais. Disponível em: <https://www3.bcb.gov.br/sgspub/localizarseries/localizarSeries.do?method=prepararTelaLocalizarSeries>. Acesso em: 7 jan. 2020.

BRASIL. Controladoria Geral da União. **Portal da Transparência.** Disponível em: <http://www.portaltransparencia.gov.br>. Acesso em: 10 jun. 2020a.

BRASIL. Ministério da Saúde. **DataSus.** Disponível em: <https://datasus.saude.gov.br>. Acesso em: 10 jun. 2020c.

BRASIL. **Portal Brasileiro de Dados Abertos.** Disponível em: <http://dados.gov.br>. Acesso em: 10 jun. 2020d.

CNI – Confederação Nacional da Industria. Disponível em: <http://www.portaldaindustria.com.br/cni>. Acesso em: 10 jun. 2020.

DIEESE – Departamento Intersindical de Estatística e Estudos Socioeconômicos. Disponível em: <https://www.dieese.org.br>. Acesso em: 10 jun. 2020.

EUROSTAT. Disponível em: <https://ec.europa.eu/eurostat>. Acesso em: 10 jun. 2020.

FECOMERCIOSP – Federação do Comércio do Estado de São Paulo. Disponível em: <https://www.fecomercio.com.br/economia>. Acesso em: 10 jun. 2020.

FGV/IBRE – Instituto Brasileiro de Economia da Fundação Getulio Vargas. Disponível em: <https://portalibre.fgv.br/revista-conjuntura-economica/sobre-a-conjuntura>. Acesso em: 7 mar. 2020b.

FIPE – Fundação Instituto de Pesquisa Econômicas. Disponível em: <https://www.fipe.org.br>. Acesso em: 10 jun. 2020.

GAPMINDER FOUNDATION. Disponível em: <https://www.gapminder.org>. Acesso em: 10 jun. 2020.

IBGE – Instituto Brasileiro de Geografia e Estatística. **Sidra**: Banco de Tabelas Estatísticas. Disponível em: <https://sidra.ibge.gov.br/home/pimpfbr/brasil>. Acesso em: 8 jun. 2020.

IPEA – Instituto de Pesquisa Econômica e Aplicada. Disponível em: <https://www.ipea.gov.br/portal>. Acesso em: 10 jun. 2020.

KNOEMA. Disponível em: <https://pt.knoema.com>. Acesso em: 10 jun. 2020.

LEXML – Rede de Informação Legislativa e Jurídica. Disponível em: <https://www.lexml.gov.br>. Acesso em: 10 jun. 2020.

OPEN DATA Inception. Disponivel em: <https://opendatainception.io>. Acesso em: 10 jun. 2020.

THE WORLD BANK. **World Development Indicators**. Disponível em: <http://datatopics.worldbank.org/world-development-indicators>. Acesso em: 10 jun. 2020.

USA – United States of America. **Data.Gov**: The home of the U.S. Government's Open Data. Disponível em: <https://www.data.gov>. Acesso em: 10 jun. 2020.

Na mesma linha, a ciência de dados tem evoluído de maneira relevante na criação de bases de dados (*Big Data*) e ferramentas para análise, principalmente no caso de inteligência artificial (*machine learning*)[6].

---

6   *É recomendável que você pesquise sobre as contribuições desse ramo científico.*

Essencialmente, a gestão e o conhecimento dessas bases de dados são um passo importante para se obter informações estratégicas, permitindo uma gestão eficiente da empresa. A filtragem das informações importantes para a análise permite fazer inferências mais precisas.

Se o analista precisa selecionar as melhores informações sobre o ambiente econômico, também é verdadeiro que as informações internas da empresa têm de estar disponíveis e corretas da melhor maneira possível. Por exemplo, é sabido que a inflação induz a população à diminuição do consumo, mas, com informações internas sobre a demanda dos produtos da empresa, é possível estimar com mais precisão os efeitos desse fenômeno.

A ciência evoluiu de forma razoável para analisar os efeitos do ambiente sobre a empresa. Esses efeitos podem ser calculados por meio de instrumentos contábeis e/ou estatísticos, calculando-se os impactos no resultado financeiro ou os coeficientes de correlação.

Depois de encontrados os dados de interesse, é preciso analisá-los empregando-se alguma ferramenta. Citaremos, a seguir, alguns dos *softwares* disponíveis para análise de dados e apontaremos a vantagem e a desvantagem de cada um deles.

## (5.5)
## SOFTWARES DE ANÁLISE DE DADOS

Depois de termos discorrido sobre coleta de dados desejados e explicarmos como tratá-los metodologicamente, passamos a abordar a fase da execução, para a qual é necessária a utilização de algum *software* de análise de dados. Há uma oferta grande de ferramentas para análise e cada uma oferece um benefício diferente.

A escolha da ferramenta que o analista de dados irá utilizar depende de alguns fatores: necessidades, conhecimento em estatística e experiência em linguagem computacional. Em várias situações, um programa mais simples é suficiente para realizar uma análise de conjuntura. Todavia, o objetivo aqui é apresentar uma gama variada de ferramentas e caminhos futuros de aprendizado, especialmente para aqueles que estão iniciando na área.

Nesta seção, comentaremos 13 *softwares* de análise de dados. Destacamos que cada programa tem seus similares ou "concorrentes", alguns com versões gratuitas ou pagas, versões para estudante ou para empresas, de iniciação ou profissionais.

O **Microsoft Excel**, provavelmente a ferramenta de análise de dados mais popular no mundo, pode ser facilmente utilizado para estatísticas descritivas, bem como para a criação de gráficos. Sem dúvida, apresenta a interface mais amigável com o usuário, pois os comandos são localizados rapidamente. Recomenda-se a ativação da função Análise de dados na opção Suplementos. Há ainda as opções, já bastante conhecidas, como as tabelas e os gráficos dinâmicos que agilizam muito a criação de análises descritivas.

O **Microsoft Excel** conta também com o Visual Basic for Applications (VBA), uma linguagem de programação relativamente simples que adiciona a capacidade de automatizar tarefas. Há programas similares, como OpenOffice, que oferecem recursos semelhantes.

Com relação ao uso para econometria, infelizmente o programa é limitado e não é possível realizar regressões múltiplas (com mais de duas variáveis independentes).

O **SAS** é um dos programas mais utilizados pelas empresas e que fornece opções mais avançadas de análise. Para utiliza-lo, é necessária a compra da licença. Oferece uma interface *on-line*. Ainda que em menor quantidade do que os programas Eviews, Stata e R, as opções de análise estatística oferecidas são diversas; permite realizar, além da regressão linear, a regressão logística, o modelo linear generalizado e a regressão parcial de mínimos quadrados. Apresenta também uma boa interface para organizar as bases de dados. Nesse *software*, há ainda a opção de manipulação e análise por meio de linguagem de programação, e seus diversos comandos podem ser facilmente acessados.

O **Eviews** é um dos *softwares* mais populares nas graduações em economia para o ensino de econometria. Para sua utilização, é necessária também a aquisição de licenças, com versões para empresas e acadêmicos. Para as análises econométricas, o programa é mais avançado do que os que mencionamos anteriormente, com opções de séries temporais e dados em painel. A interface com o usuário é mista, com comandos em linhas e também por meio de ícones. Além disso, esse *software* permite a importação e a exportação de dados para outros programas, como SPSS e Microsoft Excel.

Muitos especialistas consideram o **Stata** um programa mais completo e avançado do que o Eviews, principalmente porque diversos novos comandos são devolvidos pela comunidade científica e disseminados nos fóruns. Apesar de sua interface mista, as opções mais avançadas são acessadas por linhas de comandos.

O *software* **R** (R Project) tem uma linguagem própria de programação. Com a utilização do programa RStudio, há a opção de interface mista, com comandos e ícones. Atualmente, talvez seja um dos programas mais populares entre a comunidade científica. Oferece opções estatísticas ainda mais avançadas do que o Stata; todavia, sua operação é mais difícil. Uma vantagem é o fato de ser totalmente gratuito e de código aberto, facilitando seu crescimento.

O **Python**, uma nova linguagem de programação, quando lançado em 1991, visava facilitar os comandos da linguagem C; isso permitiu que o programa ganhasse muita popularidade, principalmente entre as pessoas que realizam análise dados. Atualmente, essa linguagem é aplicada ao desenvolvimento de inteligência artificial, à biotecnologia e à computação 3D.

O **Tableau** permite gerenciar e agrupar dados de diferentes fontes e servidores, como Microsoft Excel, Microsoft Access e Portable Document Format (PDF), arquivos espaciais e outros arquivos estatísticos, bem como integralizar com os servidores do Google Analytics, MySQL e Amazon Redshift. É uma ótima ferramenta para quem trabalha com diversas planilhas e deseja facilitar a integração entre elas. Portanto, é um programa focado na criação de gráficos, tabelas e mapas, não tendo como objetivo a análise estatística. Trata-se um *software* pago.

O **Orange Data Mining** trata-se de um programa de análise de dados em código aberto, portanto, gratuito. Uma das vantagens desse programa é a facilidade de criar análises descritivas. O foco do desenvolvimento é a criação de uma interface simples com o usuário, sem a necessidade de aprender linhas de código para sua utilização. Permite criar facilmente algumas análises estatísticas, como uma regressão logística.

O **Matlab** é um *software* destinado ao cálculo numérico, muito utilizado pelos profissionais de Engenharia e Tecnologia da Informação (TI). É, sem dúvida, um programa avançado que demanda do usuário conhecimento em programação. Há diversas extensões desse programa que permitem novas funções, como o Deep Learning, processamento de imagens, mercado financeiro e gerenciamento de risco e controle de sistema. Trata-se de um programa pago com versões para estudantes, para fins educacionais e comerciais.

O **IBM SPSS** consiste em um programa de análise estatística voltado para as ciências sociais. Tem uma interface agravável para o usuário; e praticamente todas as suas funções são acessadas por ícones e guias, não sendo necessário utilizar linhas de comando. Apresenta uma boa amplitude de metodologias estatísticas disponíveis; porém, muito menor do que nos *softwares* R e Stata. É também um programa pago comercializado pela empresa IBM (International Business Machine Corporation).

O **Google Analytics** é uma ferramenta *on-line* disponibilizada gratuitamente pelo Google. É muito utilizada pelos profissionais de publicidade e de *marketing*, analistas de mercado e desenvolvedores de *sites*. O objetivo desse *software* é fornecer inferências sobre os usuários de *sites* e *apps* para os desenvolvedores. Com base nas informações do Google Analytics, é possível analisar como os usuários estão se comportando durante uma campanha publicitária, por exemplo. Portanto, trata-se de um programa de dados descritivos, não sendo possível rodar regressões estatísticas. Há uma versão similar desse programa para o Facebook, em que aqueles que mantêm uma página empresarial na rede podem monitorar o perfil dos seguidores. Na versão norte-americana, há ainda mais dados disponíveis, como renda média dos usuários, educação e bairro onde moram.

O **IpeaGeo** é um programa gratuito oferecido pelo Ipea. Disponibiliza funções de análise descritiva, métodos econométricos e de dados georreferenciados, isto é, dados cuja dispersão no espaço pode ser observada. É interessante, por exemplo, quando se deseja mensurar a renda média dos municípios brasileiros, apresentando o resultado por meio de um mapa. Há também a opção de utilizar regressões espaciais, isto é, métodos estatísticos que levam em consideração a interdependência espacial dos dados.

Por fim, destacamos o **ArcGis**, provavelmente o programa mais completo para análise de dados espaciais. É utilizado por diversas áreas do conhecimento, entre as quais figuram economia, geografia e arquitetura. Permite a criação de dados espaciais próprios, ou seja, a criação de dados em cortes (*shapes*) customizados. É possível trabalhar com imagens de satélites, mapas rodoviários, mapas geográficos, entre outros. Apresenta a opção de rodar alguns métodos econométricos, sendo possível também exportar os dados para trabalhar em algum outro programa estatístico mais completo. É um programa pago, entretanto, há no mercado outros *softwares* GIS (Geographic Information System) mais simples e gratuitos.

O ramo de análise de dados ou ciência de dados apresentou uma expansão significante nos últimos anos, tornando praticamente impossível criar uma análise mais robusta sem o uso de algum dos programas citados aqui. Diante disso, o objetivo desta seção foi apresentar alguns dos *softwares* mais utilizados, cada qual com vantagens e focos de análise, ampliando, assim, seu conhecimento e a visualização de novos horizontes de estudo.

## Para saber mais

Depois de ter avaliado as peculiaridades dos *softwares* que citamos nesta seção, acesse os *sites* desses programas, onde você poderá encontrar informações mais detalhadas e orientações para aquisições de licença ou para *download*:

ARCGIS. Disponível em: <https://www.arcgis.com/index.html>. Acesso em: 10 jun. 2020.
EVIEWS. Disponível em: <https://www.eviews.com/home.html>. Acesso em: 10 jun. 2020.
GOOGLE ANALYTCS. Disponível em: <https://analytics.google.com/analytics/web/provision/#/provision>. Acesso em: 10 jun. 2020.

IBM SPSS. Disponível em: <https://www.ibm.com/br-pt/analytics/spss-statistics-software>. Acesso em: 10 jun. 2020.

IPEAGEO. Disponível em: <https://www.ipea.gov.br/ipeageo>. Acesso em: 10 jun. 2020.

MATLAB. Disponível em: <https://la.mathworks.com/products/matlab.html>. Acesso em: 10 jun. 2020.

MICROSOFT EXCEL. Disponível em: <https://www.microsoft.com/pt-br/microsoft-365/p/excel/cfq7ttc0k7dx?activetab=pivot%3aoverviewtab>. Acesso em: 10 jun. 2020.

ORANGE. Disponível em: <https://orange.biolab.si>. Acesso em: 10 jun. 2020.

PHYTON. Disponível em: <https://www.python.org>. Acesso em: 10 jun. 2020.

R PROJECT. Disponível em: <https://www.r-project.org>. Acesso em: 10 jun. 2020.

SAS. Disponível em: <https://www.sas.com/pt_br/home.html>. Acesso em: 10 jun. 2020.

TABLEAU. Disponível em: <https://www.tableau.com/pt-br>. Acesso em: 10 jun. 2020.

## Síntese

Neste capítulo, apresentamos alguns conceitos fundamentais de descrição de dados, como média, mediana e desvio-padrão. Esses conceitos são essenciais para qualquer análise e são utilizados rotineiramente. Na sequência, tratamos da distribuição normal e explicitamos como ela explica a ocorrência de certas características na população – altura, peso, inteligência – e, também, a relação que mantém com o mercado financeiro.

Em seguida, discorremos a respeito da econometria, uma metodologia clássica que os economistas utilizam para a análise de um problema econômico. Explicamos as oito etapas da econometria, bem como os cuidados metodológicos que devem ser tomados, como o concernente ao problema de causalidade e correlação. Por fim, destacamos as principais bases de dados e *softwares* de análise de dados disponíveis, que podem ajudar de maneira significante em pesquisas de dados.

## Questões para revisão

1. Leia o texto a seguir:

   *Haiti e Moçambique são os países economicamente mais ameaçados por desastres naturais, segundo um* ranking *divulgado no início desta quinta-feira (horário local) pela consultoria britânica Maplecroft. [...]*

   *A Maplecroft disse que o objetivo do novo índice é mostrar o impacto econômico de desastres [naturais] ocorridos entre 1980 e 2010.* (HAITI..., 2010)

   Desastres naturais são caracterizados como riscos eventuais, por não ocorrerem de maneira sistemática. Entretanto, há os riscos contínuos, que podem ser definidos como aqueles que:

   a) apresentam uma probabilidade de ocorrência distribuída de maneira similar no tempo.
   b) afetam de maneira diminuta as receitas.
   c) são caracterizados por não poderem ser previstos pelo analista.
   d) afetam o lucro, mas não a receita.
   e) afetam somente o operacional.

2. As fontes de informação podem ser classificadas pelo modo de obtenção. Nesse caso, em geral, são fontes secundárias:
   a) feiras e exposições; congressos e conferências; legislação; nomes e marcas comerciais.
   b) bases de dados e banco de dados; pesquisas em *sites* de instituições e do governo.
   c) prêmios e honrarias; patentes; projetos e pesquisas em andamento; traduções.
   d) catálogos de bibliotecas; teses e dissertações; relatórios técnicos; normas técnicas.
   e) revisões de literatura; guias bibliográficos; índices; bibliotecas e centros de informação.

3. Em uma indústria, foi observado que os 15 funcionários – considere como população – tinham tantos anos de estudo conforme a sequência a seguir: 4, 2, 2, 2, 1, 3, 2, 2, 7, 5, 3, 8, 4, 6, 9.

   Assinale a alternativa que apresenta os resultados corretos do cálculo de variância e desvio-padrão, considerando o arredondamento de duas casas decimais:

   a) Variância = 2,39; desvio-padrão = 5,73
   b) Variância = 5,73; desvio-padrão = 2,39
   c) Variância = 8,90; desvio-padrão = 2,98
   d) Variância = 4,13; desvio-padrão = 2,03
   e) Variância = 2,03; desvio-padrão = 4,13

4. (SEI/UFU – 2018 – Universidade Federal de Uberlândia) Considere o seguinte gráfico de dispersão.

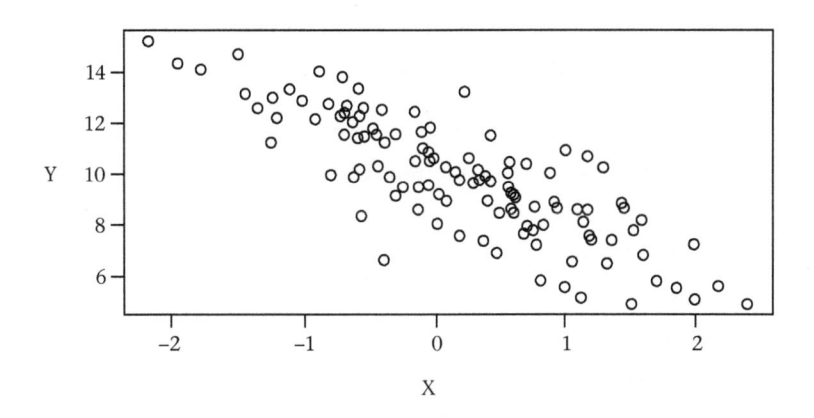

Com base na configuração dos pontos no gráfico, assinale a alternativa que

apresenta um valor possível para o coeficiente de correlação linear entre X e Y.
a) 0,5
b) 1
c) –1
d) –0,5

5. Sempre que se pretende estudar determinada variável em função de outra, utiliza-se a técnica econométrica de análise de regressão, que é uma das principais ferramentas para se obter estimativas das relações entre duas variáveis. Com base nos conteúdos trabalhados neste capítulo, explique de maneira simples o que é uma análise de regressão.

## Questões para reflexão

1. Uma das opções ideais em um experimento é criar o chamado *grupo controle*. Pesquise o que é esse conceito e as dificuldades de criar esse grupo nas ciências sociais.

2. Diversas afirmações pautadas no senso comum da população são originadas nos resultados de cálculos de média, sendo, portanto, afirmações superficiais da realidade. Um exemplo de afirmação superficial é a informação de que jovens recebem, na média, menos que pessoas de meia-idade. Com base em seu conhecimento de econometria, explique por que esse tipo de informação ignora outras variáveis importantes.

Capítulo 6

Montagem da análise
de conjuntura

## Conteúdos do capítulo:

- Etapas da montagem da análise.
- Classificação dos riscos de mercado.
- Risco político.
- Relatório Focus do Banco Central do Brasil (Bacen).
- Exemplo prático de análise de conjuntura.

## Após o estudo deste capítulo, você será capaz de:

1. seguir as etapas para iniciar uma análise de conjuntura;
2. identificar os diversos riscos inerentes ao mercado e classificá-los;
3. citar índices que mensuram o risco político de diferentes países;
4. explicar o que é o Relatório Focus e comentar o papel que desempenha;
5. empreender uma análise de conjuntura.

## (6.1)
## INTRODUÇÃO À MONTAGEM DE UMA ANÁLISE DE CONJUNTURA

Neste último capítulo, finalmente agruparemos os conhecimentos adquiridos ao longo do livro para iniciar a montagem de um relatório sobre a conjuntura ou o cenário econômico. Não existe uma forma correta ou única de realizar uma análise de conjuntura, e sim recomendações para atingir uma análise suficiente para os objetivos predefinidos.

Entendendo isso, vamos seguir o passo a passo para uma análise de conjuntura com base na recomendação de Damodaran (2009). Para tanto, aplicaremos um esquema para montagem com cinco divisões: 1) identificação do objetivo; 2) identificação dos fatores-chave; 3) análise dos fatores; 4) geração dos cenários; 5) levantamento das consequências.

**O primeiro passo** em qualquer análise é definir precisamente o propósito para qual os cenários estão sendo desenvolvidos. Perguntas como "De qual setor da economia estamos tratando?", "A empresa está preocupada com o setor externo?", "Como é a relação da empresa com o setor público?" e "A análise está calibrada com a realidade?" auxiliam o analista a iniciar o processo de construção da conjuntura.

No começo da análise, é natural estabelecer seus limites definindo o objeto de estudos. Por exemplo, a abertura de uma empresa de importação de produtos eletrônicos não pode deixar de lado considerações sobre fatores relacionados ao setor externo, como câmbio, regulação do governo, tarifas de importação, acordos comerciais.

Outra faceta sobre as delimitações que devem ser feitas, se estiver se tratando de uma empresa que está inserida num setor muito dinâmico, é trabalhar com períodos de tempo mais curtos. Por exemplo, se estiver sendo deduzido um cenário econômico para o mercado de *softwares*, devem ser consideradas previsões para 6 meses, 1 ano ou, no máximo, 5 anos. O mesmo não acontece se estiver se tratando do mercado de petróleo ou aço, muito mais estável e tradicional do ponto de vista econômico.

**O segundo passo** de uma análise de conjuntura é a identificação das variáveis-chave, ou fatores capazes de influenciar os resultados de uma empresa. Ao longo do livro, apresentamos os principais fatores na economia, como taxa Selic, inflação, desemprego, oferta agregada, demanda agregada, câmbio etc. São justamente esses fatores que têm de ser analisados e que requerem conhecimento sobre as interações entre as variáveis.

Claramente, para escolher as variáveis a serem analisadas, é necessária uma base teórica. Entretanto, parte dessas escolhas depende da intuição, por meio da experiência e capacidade de observação do analista, que pode, até mesmo, perceber a necessidade de incluir uma variável diferente. Um exemplo importante que podemos citar é o caso da petroleira Shell, que nos anos 1970 desenvolveu cenários para a empresa caso sucedesse o fim União Soviética, fato que afetaria a oferta total de petróleo. O risco do fim da União Soviética partiu de uma observação diferenciada de algum analista da Shell (Damodaran, 2009).

**O terceiro passo** é a análise das variáveis escolhidas. Nessa fase, depois de definidas as variáveis, são traçadas hipóteses fundamentais. A leitura da conjuntura é feita analisando-se a situação passada de cada variável, bem como a situação atual e a mais provável.

Todavia, não devem ser ignorados os riscos e incertezas, isto é, uma análise de conjuntura mais completa deve levar em consideração também as situações menos prováveis. Para deixar mais claro, recorremos a um exemplo: quando se pretende descrever os possíveis cenários do crescimento do Produto Interno Bruto (PIB), o mais razoável é considerar um crescimento de 2%; entretanto, existem riscos que podem levar o crescimento para cima ou para baixo. Portanto, será o risco de ocorrer um crescimento do PIB abaixo ou acima o determinante da criação dos cenários.

Além disso, deve ser levada em consideração a incerteza que permeia os choques externos, como as relativas a mudanças bruscas no governo, impactos ambientais, guerras etc. Nessa etapa do processo, o analista deve ter um bom conhecimento de fontes estatísticas. Como comentamos no capítulo anterior, há diversos dados espalhados por diferentes fontes de dados.

**O quarto passo** é a própria geração da análise de conjuntura, com as possíveis variações em cenários. Não existem regras que determinam como deve ser apresentada a análise de cenários, havendo liberdade para o analista procurar o meio mais intuitivo para apresentar os resultados. A que citamos aqui é apenas uma maneira básica, que permite condensar de maneira formal os cenários apresentados.

Além de analisar a situação atual e mais possível no futuro, criar suposições de conjunturas menos prováveis torna a análise mais robusta e interessante para a administração da empresa.

Uma dúvida que comumente surge nesse processo é: Qual é a quantidade ideal de cenários? Facilmente podemos incluir três (mais provável, riscos positivos, riscos negativos); entretanto, uma avaliação com somente três cenários pode levar a uma análise demasiadamente simples. Por outro lado, um número excessivo de cenários pode induzir a erros e a uma dificuldade de entendimento. Recomenda-se a utilização de seis cenários, incluindo: um cenário que condensa a conjuntura mais provável, dois cenários para hipóteses positivas na economia, dois para hipóteses negativas na economia, e um considerando um choque externo que possa causar grandes danos negativos.

Por fim, **o quinto passo** da análise de conjuntura é a apresentação das consequências para a empresa. Uma vez que é estabelecida uma possibilidade de crescimento acima do esperado, o analista deve delimitar qual é a consequência para a empresa. Por exemplo, se uma empresa trabalha com a venda de móveis, provavelmente um crescimento econômico provocará uma maior demanda para os produtos dela.

Devemos lembrar que a análise de cenários econômicos não prediz qual deve ser a tomada de decisão da empresa, mas sim quais são os possíveis cenários futuros pelos quais a empresa passará. Cabe aos gestores utilizar as informações fornecidas na análise para a tomada de decisão.

No Quadro 6.1, sugerimos um formato-base para a apresentação de cenários econômicos.

Quadro 6.1 – Modelo-base para apresentação de cenários

| Variável | PIB | Consequências diretas |
|---|---|---|
| Expansão robusta da economia | Muito acima | Crescimento da empresa muito acima do esperado |
| Melhor do que o esperado | Acima de 2% | Crescimento da empresa acima do esperado |
| Cenário base – mais provável | 2% | Crescimento da empresa dentro do esperado |
| Pior do que o esperado | Abaixo de 2% | Crescimento da empresa da abaixo do esperado |
| Queda brusca da economia | Muito abaixo | Crescimento da empresa muito abaixo do esperado |
| Choque externo | Choque negativo imprevisto | Queda brusca do crescimento |

Tendo descrito o passo a passo da construção da análise de cenários, passamos a explicar como calibrar a análise para as hipóteses, ou riscos. Na próxima seção, detalharemos como analisar os riscos.

## (6.2)
## ANÁLISE DOS RISCOS

Além de encontrar o comportamento das variáveis que apresentamos ao longo do livro, o analista deve sempre calibrar a análise de riscos aos quais a empresa estará exposta. Esse processo de desenvolver uma qualificação dos riscos necessita de um exame dos riscos, tanto aqueles que são gerados pela competição entre os concorrentes quanto aqueles decorrentes das alterações macroeconômicas. É necessário que o analista tenha um cuidado metodológico para não misturar as consequências de cada risco.

A seguir, apresentaremos três passos para gerenciar os riscos encontrados no caminho de uma empresa, seguindo a metodologia de Damodaran (2009).

O **primeiro passo** é listar os riscos. Considere o seguinte exemplo: suponha que você trabalhe em uma empresa de importação de café colombiano de alta qualidade, que embala e vende o café para diferentes franquias em todo o Brasil. Esse tipo de processo expõe a empresa a uma diversidade de riscos. Há o risco de instabilidade política na Colômbia, o risco ambiental na produção, o risco da volatilidade da taxa de câmbio, por exemplo. Dependendo de número e tipos de trabalhadores contratados, a empresa pode estar exposta a questões trabalhistas. Como, nesse caso, a empresa visa fazer a distribuição de produtos para diferentes estados brasileiros, pode haver problemas de mudanças tributárias, como alterações na regra do

Imposto sobre Circulação de Mercadorias e Serviços (ICMS). Por fim, mas não menos importante, devem ser consideradas as possíveis oscilações na demanda do produto. Você possivelmente já observou que quanto maior é o tamanho do negócio, maiores são os riscos que a empresa enfrenta.

O **segundo passo** é qualificar os riscos. Como existe uma ampla gama de riscos, o esquema recomendado é separá-los em categorias. A tendência é que as respostas para riscos dentro da mesma categoria sejam similares, tornando-os mais administráveis.

Por fim, **o terceiro passo** para gerenciar os riscos é medir a exposição ao risco. Uma vez identificados e classificados os riscos, a sequência lógica é a mensuração da exposição aos riscos. A pergunta que surge aqui é: O que será afetado pelo risco? Basicamente, é possível medir as consequências dos riscos sobre os lucros da empresa, ou a própria receita. Além disso, é possível discutir também os efeitos sobre o patrimônio de uma empresa.

Para encontrar a sensibilidade do lucro ou o valor da empresa para cada variável econômica, é necessário que a organização tenha registros históricos de contabilidade. Por meio desses registros, é possível ao analista, utilizando métodos estatísticos, mensurar a sensibilidade do lucro sobre as variáveis. Naturalmente, para empresas de maior porte e de capital aberto, é mais fácil capturar essas informações.

Com relação à qualificação indicada no segundo passo, conforme Damodaran (2009), há quatro formas de categorizar ou qualificar os riscos:

1. **Risco de mercado *versus* risco específico** – O analista deve diferenciar os riscos que afetam somente a empresa e aqueles que recaem sobre uma parcela ou a totalidade do mercado. No primeiro caso, a empresa pode optar por alterações no capital, permitindo minorar os riscos; entretanto, um risco que assole o mercado tende a afetar o investimento como um todo, diminuindo os retornos.
2. **Risco operacional *versus* risco financeiro** – Há diferenças entre os riscos derivados de escolhas financeiras, por exemplo, opção incorreta por linha de financiamento ou operações fracassadas no mercado financeiro, e os riscos relacionados com as operações da empresa, como atrasos no recebimento de matéria-prima.
3. **Riscos contínuos *versus* riscos de evento** – Riscos contínuos são aqueles que apresentam um histórico maior de ocorrência, diferindo bastante de riscos como terremotos, guerras, epidemias, que afetam a organização de maneira sazonal.
4. **Riscos catastróficos *versus* riscos menores** – Alguns riscos são pequenos e afetam de maneira diminuta o lucro; outros exercem impacto muito maior. Para ilustrar, citamos o caso de uma companhia de distribuição de energia, a qual sofre com riscos constantes de famílias roubarem energia (com os populares "gatos"), configurando um risco diferente de uma explosão de uma subestação por falta de manutenção.

Após esses passos, cabe ao analista transformar os resultados encontrados em um relatório conciso. E ao tomador de decisão da empresa cumprirá encontrar as alternativas para a proteção contra os riscos, além de calcular as despesas dessas proteções, analisando sempre o custo-benefício.

> **Para saber mais**
>
> Leia uma reportagem sobre como a Sadia sofreu um prejuízo de mais de 700 milhões de reais no mercado financeiro, operação que, posteriormente, levou a empresa à necessidade de fusão com a Perdigão.
>
> NAVARRO, C. Entendendo o caso Sadia e o prejuízo de R$760 milhões. **Dinheirama**. Disponível em: <http://dinheirama.com/blog/2008/09/29/entendendo-o-caso-sadia-e-o-prejuizo-de-r-760-milhoes>. Acesso em: 29 jul. 2020.
>
> Um exemplo de risco de evento é como o Zika vírus afetou a economia do turismo no nordeste brasileiro.
>
> NOGUEIRA; D.; CAVALCANTI, G. Vírus zika já começa a prejudicar turismo n Brasil. **O Globo**, 10 fev. 2016. Disponível em: <https://oglobo.globo.com/brasil/virus-zika-ja-comeca-prejudicar-turismo-no-brasil-18641828>. Acesso em: 29 jul. 2020.

(6.3)
# Risco político

Detalharemos, agora, o chamado *risco político*, índice que pode ser considerado na análise da conjuntura. Obviamente, esse conceito é amplo e há diversos autores que o discutem com profundidade. Todavia, poderíamos sintetizá-lo como o risco derivado do comportamento do Estado, considerando leis, políticas, ética e estabilidade institucional.

Para facilitar o entendimento, imagine uma empresa que deseja abrir uma filial em outro país. No curto prazo, há dois países de interesse; pelo viés econômico, eles apresentam variáveis praticamente idênticas, mesmo tamanho do mercado consumidor, mesmas taxas de juros, mesma média de renda da população, entre outras diversas variáveis econômicas. Diante disso, o que diferencia os países para a escolha da empresa? Fatores como conflitos, tensões étnicas, nível de burocracia, entre outros são os determinantes do investimento. Como não se trata aqui de um livro de política, e sim de análise de conjuntura, não pormenorizaremos cada variável política, mas a dúvida nesse caso é: Sabendo desse risco político, como é possível, de alguma forma prática, que ele seja incorporado em uma nova avaliação do analista?

Uma das possíveis formas é por meio do *Political Risk Index* calculado pela Fitch Solutions e divulgado pela consultoria Marsh & McLennan[1]. Esse índice oferece uma classificação de risco em uma escala de 0 (mais arriscado) a 100 (menos arriscado). Os países são também classificados pela medida de risco e divididos em cinco categorias: 1) risco muito baixo (100 a 80); 2) risco baixo (79,9 a 70); 3) risco moderado (69,9 a 60); 4) risco elevado (59,9 a 50); 5) risco muito elevado (abaixo de 50).

A mensuração do risco político leva em consideração a capacidade de o governo propor e implementar as políticas, as ameaças a governabilidade, o risco de golpe, entre outras questões. O índice ainda é mensurado para dois períodos, para o ano seguinte e para os cinco anos subsequentes.

---

1   *Há diversas empresas que produzem relatórios semelhantes, como a PRS Group e a Fitch Solutions.*

Na Tabela 6.1, é possível visualizar alguns dos dados divulgados no ano de 2019.

Tabela 6.1 – Risco político no curto e longo prazo

| País | Risco político dentro de um ano | Risco político dentro de cinco anos |
|---|---|---|
| Brasil | 52,9 | 68,9 |
| Argentina | 59,8 | 61,9 |
| México | 54,8 | 58,3 |
| África do Sul | 65,4 | 61,3 |
| Rússia | 65,6 | 61,7 |
| China | 80,2 | 66,4 |
| Chile | 74,8 | 83,2 |

Fonte: Elaborado com base em Marsh & McLennan Companies, 2019.

Observando a tabela, nota-se que o Brasil apresenta o pior resultado na lista de países selecionados, segundo análise da consultoria Fitch Solutions. Isso se deve às dificuldades que o governo Bolsonaro enfrenta no curto prazo no congresso, principalmente para manter a base política unida. Todavia, no resultado do Brasil, o risco diminui significativamente para o longo prazo e a confiança na política brasileira supera países como Rússia, África do Sul, México e China. Instabilidades, como excesso de poder do presidente chinês e do presidente russo, e as possíveis pressões sociais colaterais são fatores de peso.

Como informamos no primeiro capítulo deste livro, uma análise envolve diversos aspectos, entre eles, a política. Em resumo, o objetivo desta seção foi apresentar um conteúdo adicional que pode ser inserido na análise de conjuntura. Não discorremos sobre esse assunto tão amplo, apenas apresentamos uma forma simples de mensurar os aspectos políticos em um índice, facilmente utilizável em um relatório de conjuntura.

## (6.4) Relatório Focus

Nesta seção, discorreremos sobre uma das melhores fontes de informações de projeções de uma série de variáveis econômicas, o chamado *Relatório Focus*, cujo objetivo principal é captar as projeções do mercado para diversos indicadores, desde inflação até balança comercial.

O relatório é disponibilizado semanalmente pelo Bacen, cabendo sua produção ao Departamento de Relacionamentos com Investidores e Estudos Especiais (Gerin). Esse relatório é composto pela mediana das expectativas de diversas instituições financeiras (bancos, consultorias e gestoras de recursos), que transmitem projeções por meio do Sistema de Expectativas de Mercado, que é restrito ao Gerin e às instituições cadastradas.

Qual é o papel do relatório? Em síntese, além de fornecer para as demais instituições expectativas de como será o comportamento da economia para os períodos seguintes, também serve de embasamento técnico para as tomadas de decisões no Comitê de Política Monetária do Banco Central (Copom). Por exemplo, caso as expectativas do mercado comecem a apontar para uma alta da inflação nos próximos períodos, provavelmente o Copom tomará a decisão de ajustar para cima a taxa Selic.

Segundo dados do BCB (2020a), havia cerca de 140 instituições cadastradas no primeiro semestre de 2020 fornecendo expectativas para 24 variáveis macroeconômicas (Quadro 6.2). Para aqueles que desejam analisar o histórico de projeções, o Bacen disponibiliza uma série histórica desde de janeiro de 2000, sendo possível comparar o comportamento das previsões com os resultados oficiais.

Quadro 6.2 – Variáveis analisadas no Relatório Focus

| Tipo de variável | Variável a ser projetada |
|---|---|
| Índice de Preços | Disposição g IGP-DI (Índice Geral de Preços – Disponibilidade Interna), IGP-M, IPA-M (Índice de Preços ao Produtor Amplo – Mercado), IPCA (Índice Nacional de Preços ao Consumidor), IPCA-15(índice Nacional de Preços ao Consumidor Amplo – primeiros 15 dias do mês), INPC (Índice Nacional de Preços ao Consumidor) eral |
| | Preços administrados |
| Atividade econômica | Produção industrial |
| | PIB, PIB agropecuário, PIB industrial, PIB serviços |
| Taxa de câmbio | Ptax – fim do período (R$/US$) |
| | Ptax – média anual (R$/US$) |
| Meta para a taxa Selic | Meta – fim do período |
| | Meta – média do período |
| Setor externo | Exportação e importação |
| | Saldo comercial |
| Balanço de pagamentos | Saldo em transações correntes |
| | Investimento direto no país |
| Fiscal | Resultado primário do setor público consolidado |
| | Resultado nominal do setor público consolidado |
| | Dívida líquida do setor público |

Fonte: Elaborado com base em BCB, 2019a.

Uma vez que os dados são inseridos no Sistema de Expectativas de Mercado, o Bacen divulga a mediana, a média, o desvio-padrão, o coeficiente de variação, o máximo e o mínimo para cada variável. Os dados são apresentados semanalmente no Relatório Focus. Portanto, não há, nesse relatório, expectativas formuladas pelo governo, somente informações fornecidas voluntariamente pelas instituições financeiras.

Se o fornecimento das expectativas pelas instituições é voluntário, qual é a vantagem para a instituição? Há certo sentimento de competição entre as instituições financeiras, que constantemente aprimoram suas análises e suas metodologias de predição. Aquelas instituições que mais acertam entram na classificação Top Five do Bacen; o *ranking* é baseado no índice de acerto de projeções das instituições, além disso, o índice é calculado para as previsões de curto, médio e longo prazos.

Depois de termos esclarecido o que é o Relatório Focus, podemos detalhar o relatório divulgado no dia 6 de janeiro de 2020, em que são apresentadas as variáveis que mencionamos, mostrando as projeções para 2020 e 2021. Na Tabela 6.2, a seguir, é apresentado o resultado atual da mediana das projeções, bem como comparações com as projeções anteriores de uma semana e de quatro semanas.

Tabela 6.2 – Relatório Focus (06/01/2020)

| Mediana – Agregado | 2020 | | | | |
|---|---|---|---|---|---|
| | Há 4 semanas | Há 1 semana | Hoje | Comp. semanal | Resp.** |
| IPCA (%) | 3,60 | 3,61 | 3,60 | ↓ (1) | 119 |
| IPCA (atualizações últimos 5 dias úteis, %) | 3,61 | 3,60 | 3,59 | ↓ (1) | 46 |
| PIB (% de crescimento) | 2,24 | 2,30 | 2,30 | = (1) | 68 |
| Taxa de câmbio – fim de período (R$/US$) | 4,10 | 4,08 | 4,09 | (1) | 101 |
| Meta taxa Selic – fim de período (% a.a.) | 4,50 | 80,00 | 80,00 | = (6) | 108 |
| IGP-M (%) | 4,14 | 4,18 | 4,50 | ↑ (1) | 66 |
| Preços administrados (%) | 4,00 | 3,88 | 4,24 | ↑ (1) | 33 |
| Produção industrial (% de crescimento) | 2,20 | 2,19 | 4,00 | = (1) | 14 |
| Conta-corrente (US$ bilhões) | -47,50 | -54,20 | -54,20 | = (1) | 25 |
| Balança comercial (US$ bilhões) | 38,95 | 39,40 | 38,20 | ↓ (1) | 26 |
| Investimento direto no país (US$ bilhões) | 80,00 | 80,00 | 80,00 | = (11) | 25 |
| Dívida líquida do setor público (% do PIB) | 58,00 | 58,00 | 58,08 | ↑ (2) | 24 |
| Resultado primário (% do PIB) | -1,10 | -1,10 | -1,10 | = (8) | 27 |
| Resultado nominal (% do PIB) | -5,65 | -5,60 | -5,70 | ↓ (2) | 21 |

*(continua)*

*(Tabela 6.2 – conclusão)*

| Mediana – Agregado | 2021 | | | | |
|---|---|---|---|---|---|
| | Há 4 semanas | Há 1 semana | Hoje | Comp. semanal | Resp.** |
| IPCA (%) | 3,75 | 3,75 | 3,75 | = (56) | 103 |
| IPCA (atualizações últimos 5 dias úteis, %) | 3,75 | 3,75 | 3,75 | = (51) | 40 |
| PIB (% de crescimento) | 2,50 | 2,50 | 2,50 | = (147) | 54 |
| Taxa de câmbio – fim de período (R$/US$) | 4,00 | 4,00 | 4,00 | = (7) | 80 |
| Meta taxa Selic – fim de período (% a.a.) | 6,25 | 6,38 | 6,50 | ↑ (3) | 90 |
| IGP-M (%) | 4,00 | 4,00 | 4,00 | = (129) | 48 |
| Preços administrados (%) | 4,00 | 4,00 | 4,00 | = (127) | 26 |
| Produção industrial (% de crescimento) | 2,50 | 2,50 | 2,50 | = (16) | 12 |
| Conta-corrente (US$ bilhões) | –46,80 | –60,00 | –60,00 | ↓ (7) | 19 |
| Balança comercial (US$ bilhões) | 41,00 | 39,35 | 35,60 | ↓ (1) | 20 |
| Investimento direto no país (US$ bilhões) | 82,60 | 84,40 | 84,40 | = (1) | 20 |
| Dívida líquida do setor público (% do PIB) | 58,85 | 59,00 | 59,20 | ↑ (1) | 22 |
| Resultado primário (% do PIB) | –0,60 | –0,53 | –0,51 | ↑ (2) | 24 |
| Resultado nominal (% do PIB) | –5,20 | –5,50 | –5,20 | = (1) | 18 |

Fonte: BCB, 2019a

Observe que, no início de 2020, o mercado estava projetando que o crescimento do PIB brasileiro seria de 2,3%, com uma leve alta em 2021 para 2,5%. Com relação ao Índice Nacional de Preços ao Consumidor Amplo (IPCA), as projeções estão em 3,6% e 3,75%, para 2020 e 2021, respectivamente. No caso da taxa de câmbio, uma das variáveis mais difíceis de previsão na economia, as expectativas estão relativamente estáveis para os dois anos, ficando próximo aos 4 reais por dólar.

No relatório também é apresentada a evolução das expectativas por meio de gráficos. Como exemplo, apresentamos os gráficos para a produção industrial e o saldo em conta-corrente do Balanço de pagamentos (BP).

Gráfico 6.1 – Produção industrial e Conta-corrente do Relatório Focus

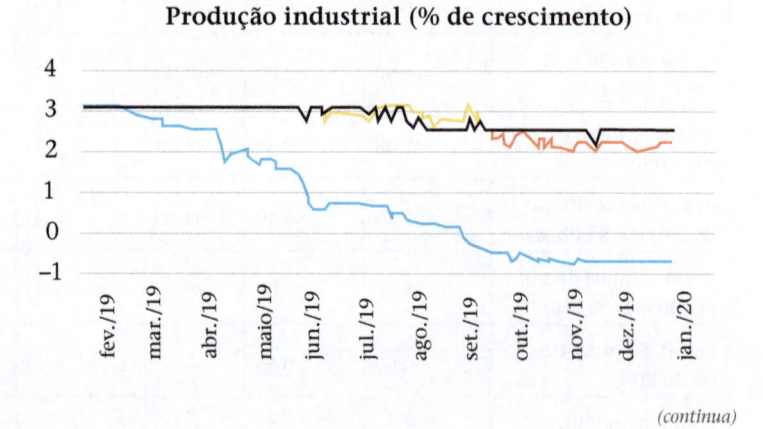

**Produção industrial (% de crescimento)**

*(continua)*

*(Gráfico 6.1 – conclusão)*

**Conta Corrente (US$ bilhões)**

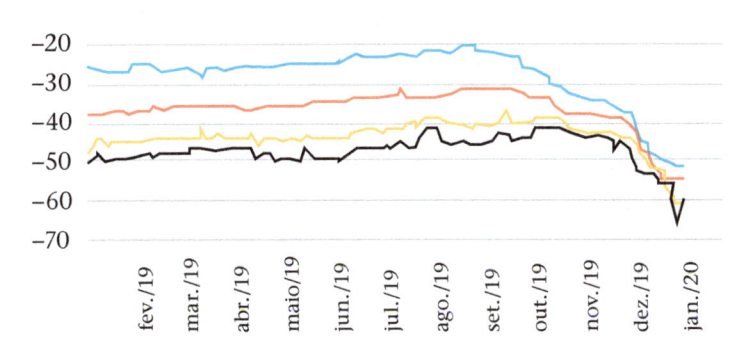

Fonte: BCB, 2019a

Observando o Gráfico 6.1, para a produção industrial, com exceção dos resultados de 2019 (linhas azuis), mostrados pela linha inferior do gráfico, as projeções para os anos seguintes – 2020 em linhas vermelhas, 2021 em linhas amarelas e 2022 em linhas pretas – mostram certa estabilidade, com expectativas de crescimento próximas a 2,5%. Quanto ao resultado no saldo da conta-corrente, verifica-se que, a partir de outubro de 2019, as expectativas apontavam para uma piora no saldo para todos os anos.

Em suma, uma parte importante de uma análise de conjuntura é a questão das projeções futuras das variáveis econômicas, e para as variáveis mais importantes há disponível o Relatório Focus. Sabendo desse relatório, você poderá utilizá-lo como fonte de informações ou como base para geração de relatórios semelhantes.

# (6.5)
# EXEMPLO PRÁTICO DE RELATÓRIO DE CONJUNTURA

Nesta última seção, exemplificaremos a construção de uma análise de conjuntura. Obviamente, aqui será uma análise mais simples, visando mais a didática e partindo de alguns pressupostos. Para isso, suponha, no início de 2019, que um gestor de uma grande empresa de varejo no Brasil solicitou a um analista econômico um relatório sobre a geração de emprego formal, do PIB *per capita*, bem como a respeito da situação da concessão de crédito livre para pessoas físicas[2] no início de 2020. Nesse caso, o gestor sabe que o comportamento dessas variáveis econômicas impacta diretamente o desempenho da empresa. Por fim, ele solicitou que fosse indicado o provável cenário dessas variáveis para o ano de 2020.

Conforme expusemos na Seção 6.1, aqui o gestor já forneceu os objetivos indicados no passo 1 no método apontado por Damoradan (2009). Nesse caso, então, há a necessidade de o analista econômico buscar os dados das três variáveis econômicas mencionadas: 1) geração de emprego formal; 2) PIB *per capita*; 3) concessão de crédito livre. Cada uma dessas variáveis tem uma fonte diferente de informação. Para coletar dados de geração de emprego formal, o analista deve consultar a base de dados no Ministério do Trabalho (Brasil, 2019c) e acessar o Cadastro Geral de Empregados e Desempregados (Caged). Para o PIB *per capita*, deve acessar o *site* Sidra do Instituto Brasileiro de Geografia e Estatística (IBGE, 2020b), e ali selecionar a seção Economia considerando a variação ano a ano. Por fim, para os dados de concessão de crédito livre, o analista deve acessar o *site* do Bacen seguindo as opções: Estatísticas; Séries temporais; Indicadores de crédito.

---

[2] O crédito direcionado geralmente trata-se de crédito habitacional ou de capital de giro para empresas. Há uma relação direta entre o crédito livre e os gastos em lojas de varejo.

Uma vez obtidos os dados, o analista pode apresentá-los por meio de gráficos, o que facilitará a compreensão pelo gestor. Para tanto, foram criados os Gráficos 6.2 e 6.3, a seguir.

Gráfico 6.2 – Geração líquida de emprego formal e PIB (%)

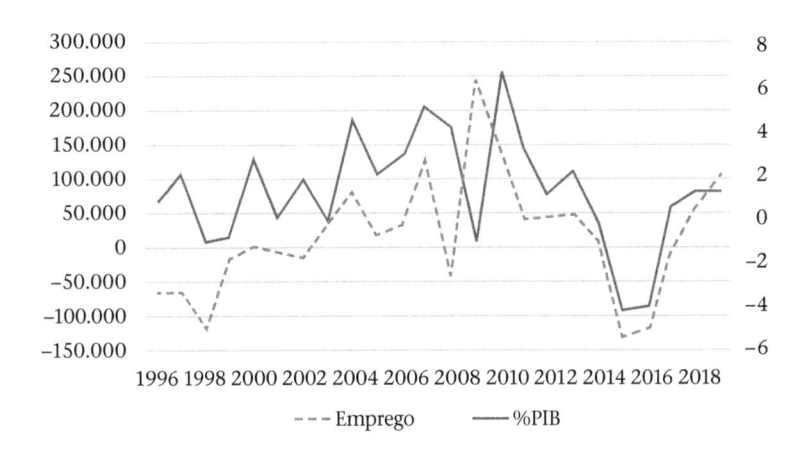

Fonte: Elaborado com base em Brasil, 2019c

Como mostra o Gráfico 6.2, o mercado de trabalho e o crescimento do PIB vinham apresentando sinais de melhora desde 2016. Apesar de parte significante dos empregos ter sido criada no mercado informal, dadas as características burocráticas e de encargos, os dados também apontam para uma melhora relevante do emprego formal. Dada a orientação do gráfico, espera-se que essa tendência continue ao longo de 2020 e 2021[3], com aumento da formalização.

---

3   Ressalva: no ano de 2020 ocorreu a pandemia de Covid-19, algo totalmente imprevisto pela economia e que afetou fortemente a geração de empregos. Todavia, o exercício prático proposto aqui pressupõe um analista econômico observando os dados de 2019. Antes da pandemia, de fato, as expectativas de mercado eram positivas para o emprego formal.

O maior nível de emprego formal é importante para setores como o varejo, pois, usualmente, a renda do setor privado é maior do que a renda do setor informal, bem como promove mais facilidade para o crédito individual. Nesse contexto, o analista ainda deve levar em conta as diversas liberações de Fundo de Garantia do Tempo de Serviço (FGTS) que visam estimular o consumo.

No Gráfico 6.3 é possível observar um crescimento robusto da carteira de empréstimos para pessoas físicas. Foram inseridas no gráfico duas retas de tendência que apontam os possíveis valores para 2020. Mesmo que ocorra queda do total de crédito, espera-se que o valor não fique abaixo dos 180 milhões de reais, bem como, num cenário otimista, esse valor não ultrapasse os 200 milhões de reais.

Gráfico 6.3 – Concessão total de crédito livre para pessoas físicas (R$ milhões)

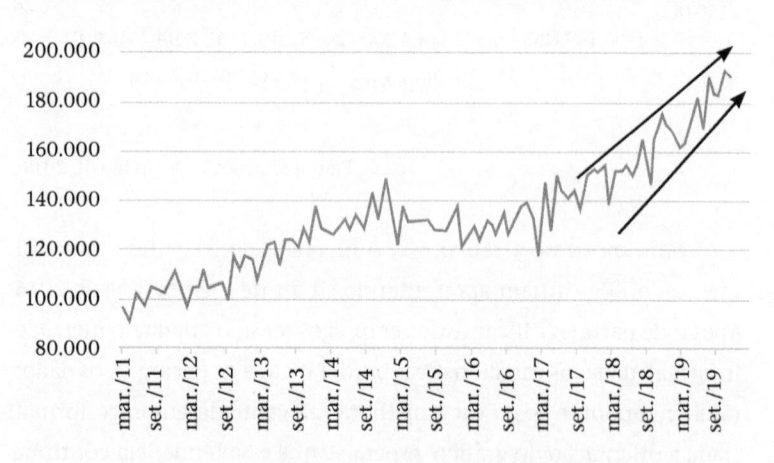

Fonte: Elaborado com base em BCB, 2020b.

Com relação às expectativas para 2020, o Relatório Focus apresentava como mediana no início de 2020 um crescimento do PIB de 2,3%[4], o que, se confirmado, resultará num crescimento do emprego formal acima de 100 mil mensal. Segundo o Relatório Focus, as expectativas para a taxa Selic ficaram no patamar de 4,5% a.a., situação que manterá a expansão para o crédito. Dada a conjuntura de 2018 e 2019 da economia brasileira e as expectativas para 2020, o cenário é bem favorável ao setor de varejo.

Em suma, esse é um exemplo de análise de conjuntura. Obviamente, é possível e desejável que o relatório seja mais completo, englobando mais variáveis e análises mais profundas. À medida que você tiver mais experiência, esse tipo de análise ficará cada vez mais fácil de ser realizada. De qualquer modo, nosso objetivo terá sido alcançado se você tiver compreendido o passo a passo.

## Síntese

Neste último capítulo, apresentamos um roteiro para montar uma análise de conjuntura, estabelecendo cinco importantes passos: 1) escolha do propósito; 2) identificação das variáveis econômicas; 3) análise dos fatores; 4) geração dos cenários; 5) levantamento das consequências. Depois de realizadas essas etapas, as análises devem ser calibradas em relação aos diferentes riscos. Diante disso, citamos os diferentes riscos a que a empresa e o governo estão expostos, como risco de mercado, risco operacional, riscos contínuos, entre outros. Destacamos, entre eles, o risco político, apresentando uma forma de ser inserida, de maneira simples e prática, uma mensuração do risco político na análise.

Em seguida, apresentamos o famoso Relatório Focus, explicando que ele consiste na compilação das expectativas para os próximos

---

4 Novamente, aqui foram indicadas as expectativas dos economistas no começo de 2020, antes da pandemia de Covid-19. Todavia, destacamos que o objetivo do exercício prático é mostrar o passo a passo de como montar uma análise de conjuntura.

anos dos diversos agentes financeiros. Esclarecemos como incorporar esse relatório na análise e especificamos seu papel para o Copom. Finalizamos o capítulo com uma montagem de análise de conjuntura, com a escolha das variáveis, a busca e a apresentação dos fatores e a síntese das conclusões.

## Questões para revisão

1. A Associação Nacional dos Fabricantes de Veículos Automotores (Anfavea, 2020) divulgou dados sobre produção, licenciamento e exportações de veículos automotores referentes ao período 2011-2016.

   Examinando o gráfico a seguir, verifica-se certo comportamento.

   Produção e licenciamento de veículos de 2011 a 2016

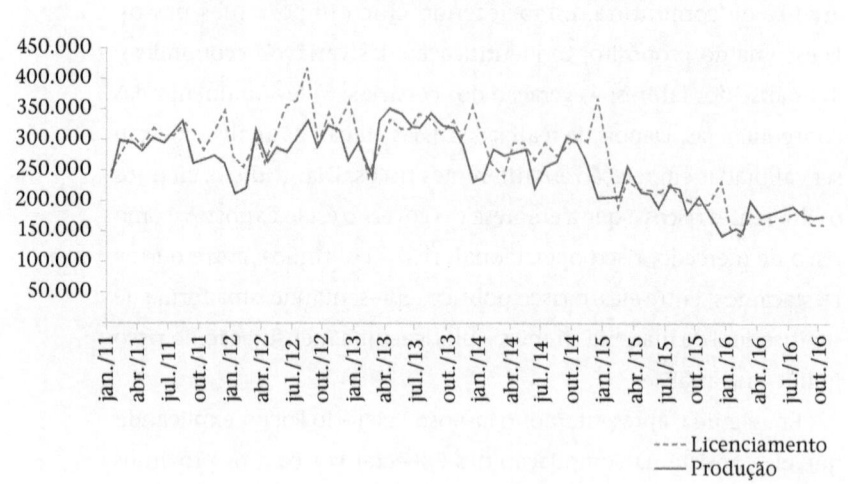

   ---- Licenciamento
   —— Produção

   Fonte: Elaborado com base em Anfavea, 2020.

Assinale a alternativa que descreve adequadamente o exposto no gráfico:

a) Olhando para a produção, apesar da recuperação vista ao longo do ano de 2016, os resultados ainda não foram capazes de superar a queda que se instalou desde final de 2014.
b) O licenciamento de veículos tende a apresentar um pico de alta sempre nos meses de abril.
c) Em toda a série de dados, em nenhum momento houve um deslocamento da produção e do licenciamento de veículos.
d) Os maiores valores de licenciamento de veículos ocorreram em 2015.
e) Os montantes de produção apresentaram recuperação em janeiro de 2015.

2. Considere as tabelas a seguir, que apresentam dados fictícios da balança comercial do país X ao longo dos anos de 2012 a 2015. A Tabela B indica o volume de exportações e importações do país X somente com o país Y, ao longo do mesmo período.

Tabela A – Balança comercial do país com todos os demais países

| Ano | Exportações Bilhões de US$ | Importações Bilhões de US$ | Saldo Bilhões de US$ |
|---|---|---|---|
| 2012 | 215,00 | 205,00 | 10,00 |
| 2013 | 225,00 | 220,00 | 5,00 |
| 2014 | 240,00 | 235,00 | 5,00 |
| 2015 | 238,00 | 250,00 | –12,00 |

Tabela B – Balança comercial do país X somente com o país Y

| Ano | Exportações Bilhões de US$ | Importações Bilhões de US$ | Saldo Bilhões de US$ |
|---|---|---|---|
| 2012 | 42,00 | 25,00 | 17,00 |
| 2013 | 44,00 | 35,00 | 9,00 |
| 2014 | 47,00 | 44,00 | 3,00 |
| 2015 | 43,00 | 49,00 | –6,00 |

Acerca dessas informações, redija uma análise de conjuntura, em que descreva o comportamento da balança comercial do pais X com todos os demais países e somente com o país Y.

3. Leia o texto a seguir e a tabela apresentada na sequência:

*O Indicador de Falências e Recuperações Serasa Experian é construído a partir do levantamento mensal das estatísticas de falências (requeridas e decretadas) e das recuperações judiciais e extrajudiciais registradas mensalmente na base de dados da Serasa Experian, provenientes dos fóruns, varas de falências e dos Diários Oficiais e da Justiça dos estados. O indicador é segmentado por porte.* (Serasa Experian, 2019)

Tabela A – Requerimentos de falências 2015/2016

| Tempo | Micro e Pequena Empresa | Média Empresa | Grande Empresa | Total |
|---|---|---|---|---|
| Jan-15 | 65 | 22 | 26 | 113 |
| Feb-15 | 45 | 23 | 21 | 89 |
| Mar-15 | 69 | 32 | 39 | 140 |
| Apr-15 | 85 | 33 | 43 | 161 |
| May-15 | 63 | 34 | 39 | 136 |
| Jun-15 | 83 | 37 | 39 | 159 |

*(continua)*

*(Tabela A – conclusão)*

| Tempo | Micro e Pequena Empresa | Média Empresa | Grande Empresa | Total |
|---|---|---|---|---|
| Jul-15 | 89 | 35 | 49 | 173 |
| Aug-15 | 99 | 51 | 35 | 185 |
| Sep-15 | 93 | 43 | 34 | 170 |
| Oct-15 | 74 | 39 | 44 | 157 |
| Nov-15 | 85 | 43 | 43 | 171 |
| Dec-15 | 73 | 20 | 36 | 129 |
| Jan-16 | 56 | 25 | 20 | 101 |
| Feb-16 | 67 | 32 | 33 | 132 |
| Mar-16 | 69 | 41 | 48 | 158 |
| Apr-16 | 79 | 32 | 21 | 132 |
| May-16 | 70 | 44 | 37 | 151 |
| Jun-16 | 110 | 37 | 48 | 195 |
| Jul-16 | 108 | 37 | 44 | 189 |
| Aug-16 | 91 | 33 | 37 | 161 |
| Sep-16 | 90 | 47 | 49 | 186 |
| Oct-16 | 82 | 34 | 32 | 148 |
| Nov-16 | 92 | 32 | 41 | 165 |
| Dec-16 | 80 | 32 | 22 | 134 |

Fonte: Serasa Experian, 2020.

Um indicador interessante sobre a atividade econômica é o número de falências das empresas. Com base nessas informações, qual das análises a seguir é mais condizente com os dados apresentados na tabela:

a) Os meses de junho, julho, agosto e setembro de 2016 registraram um maior número de requerimento de falências de micro e pequenas empresas no país quando comparado ao mesmo período anterior.

*Joaquim Israel Ribas Pereira*

b) A quantidade de falências de grandes empresas apresentou números maiores em 2016 quando comparado ao mesmo período em 2015.

c) A quantidade de falências de médias empresas apresentou números maiores em 2016 quando comparada ao mesmo período em 2015.

d) O número de falências em 2016 mostra que o ambiente macroeconômico está melhorando.

e) O número de falências totais em 2016 é menor do que em 2015.

4. Leia o texto a seguir:

*O governo vê a proposta de emenda à Constituição (PEC) que impõe um teto para os gastos da União como uma medida essencial para o controle dos gastos públicos e, por consequência, para a recuperação da economia brasileira. Economistas e analistas de mercado ouvidos pelo **G1** alertam, entretanto, que, sem a aprovação de outras medidas, como a reforma da Previdência, a mudança constitucional não garantirá o ajuste fiscal nem a retomada do crescimento do Produto Interno Bruto (PIB).* (Alvarenga, 2016)

Considerando o texto apresentado, que trata da PEC para controle dos gastos, avalie as assertivas a seguir e a relação proposta entre elas.

I) A saúde brasileira enfrenta um triplo desafio: 1) lida com doenças superadas pelos países ricos nos anos 1960 (como tuberculose e hanseníase); 2) conta com recursos equivalentes aos que as nações desenvolvidas aplicavam em saúde nos anos 1980; 3) tem a ambição de acessar os tratamentos e equipamentos mais modernos da medicina do século XXI.

**PORQUE:**

II) Ao frear a trajetória explosiva do gasto no país, a PEC coloca as contas em ordem, ampliando a confiança dos agentes econômicos.

A respeito dessas asserções, assinale a opção correta:

a) A asserção I é uma proposição verdadeira e a II é uma proposição falsa.
b) A asserção I é uma proposição falsa e a II é uma proposição verdadeira.
c) As asserções I e II são proposições verdadeiras, mas a II não é uma justificativa correta da I.
d) As asserções I e II são proposições verdadeiras e a II é uma justificativa correta da I.
e) As asserções I e II são falsas.

5. Numa análise de cenários, é preciso estimar as consequências esperadas para diferentes situações com a intenção de apreciar melhor o efeito do risco sobre o seu valor. Para conhecer os riscos, há diferentes formas de análise, como levantamento de dados históricos, uso de *proxies* e análise de correlações. Com base nessas informações, explique como funciona cada forma de conhecer os riscos.

## Questões para reflexão

1. Analise um gráfico da B3 (2020a) atual, trace alguns cenários para esse mercado para os próximos três e seis meses. Anote os motivos que levaram você a traçar aquele cenário. Depois de três meses, compare sua análise com a realidade. Essa prática é muito utilizada pelos analistas de mercado para aperfeiçoarem os próprios investimentos.

2. Cenários são extrapolações do futuro. Imagine que uma empresa está apresentando lucros e expectativas para o futuro também positivas; todavia, a cotação da ação da empresa continua caindo. Existe alguma explicação racional para esse fenômeno? Lembre que podem estar sendo ignoradas conjunturas negativas externas à empresa, ou os lucros podem estar abaixo do esperado.

# Consultando a legislação

Quando se faz referência à economia, indiretamente está se referindo também ao ambiente em que empresas, famílias, governo e setor externo interagem. As interações entre todos esses atores estão permeadas de uma racionalidade econômica (busca de benefícios monetários): empresas interagem para a troca de insumos; famílias recorrem a empresas em busca de empregos e de bens de consumo; o governo cria incentivos econômicos e também novas formas de arrecadação financeira para manter a própria estrutura. Há também as trocas entre o setor externo e as empresas, sempre interessadas em uma forma de aumentar os lucros por meio da expansão do mercado consumidor ou da aquisição de insumos mais baratos.

Nesse contexto o direito surge como uma forma de coordenar, estabilizar e aumentar a eficiência nessas interações entre os agentes. Para regulamentar a interação entre empresas, há o ramo do direito comercial; para as ações entre entre empresas e famílias, naquilo que diz respeito à aquisição de bens e serviços, há o direito do consumidor; e as regras que regem as relações entre trabalhadores e empregadores estão agrupadas no direito do trabalho.

Poderíamos citar diversos outros ramos do direito aos quais a ciência econômica está intrinsicamente relacionada. Como o objetivo deste livro é mostrar teorias e dados concernentes à conjuntura econômica e aos prováveis cenários no futuro, optamos por apresentar algumas das principais leis aprovadas entre 2015 e 2020, que afetaram ou poderão afetar a economia brasileira nos próximos anos.

- **Lei da liberdade econômica**
  A Lei n. 13.847, de 20 de setembro de 2019 (Brasil, 2019b), retirou a necessidade de alvará para a maioria dos pequenos negócios, criou a carteira de trabalho eletrônica e retirou a necessidade de a empresa repassar os dados dos empregadores pelo e-social (Sistema de Escrituração Digital das Obrigações Fiscais, Previdenciárias e Trabalhistas) do governo brasileiro. Essa lei também instituiu uma proteção contra o "abuso regulatório", para impedir que o poder público edite regras que afetem a exploração da atividade econômica ou prejudiquem a concorrência.
- **Nova lei trabalhista**
  A reforma trabalhista, representada pela Lei n. 13.467, de 13 de julho de 2017 (Brasil, 2017), permitiu uma maior flexibilização do mercado de trabalho brasileiro. Podemos destacar como principais alterações: a regulação da modalidade de teletrabalho ou *home office*, a prática do contrato intermitente, ou seja, o empregado só recebe quando convocado pela empresa, além da instituição do fracionamento de férias e a retirada da contribuição sindical obrigatória.

- **Reforma da previdência**
A reforma da previdência, promulgada pela Emenda Constitucional n. 103, de 12 de novembro de 2019 (Brasil, 2019a), promoveu várias alterações relativas à concessão de benefícios, tempo de contribuição, período básico de cálculo, idade mínima e alíquotas de contribuição. O objetivo central dessa emenda foi rever contas públicas do Brasil, em razão das crescentes despesas do governo relacionadas aos aposentados e pensionistas. Nesse contexto, governos estaduais também aprovaram reformas similares em virtude de problemas fiscais ainda mais significativos do que os do governo federal. A expectativa é que a reforma diminua os problemas fiscais futuros dos governos federal e estaduais.
- **Lei do teto de gastos**
A Emenda Constitucional n. 95, promulgada pelo Congresso Nacional brasileiro no dia 15 de dezembro de 2016 (Brasil, 2016), prevê que as despesas primárias dos três poderes – judiciário, legislativo e executivo – a partir de 2018 só podem aumentar segundo a inflação acumulada conforme o Índice Nacional de Preços ao Consumidor Amplo (IPCA), ou seja, não deve haver aumento real de gastos. O órgão que não seguir a regra fica impedido de realizar novas contratações de pessoal, e dar aumento salarial ou de benefícios. A motivação para a aprovação dessa emenda foi o fato de que, nas últimas décadas, os gastos do Estado brasileiro subiram de maneira significante acima do crescimento do Produto Interno Bruto (PIB), aumentando de maneira demasiada o custo do Estado. A expectativa é que o reflexo dessa emenda seja observado ao longo da década, com a diminuição da carga tributária.

- **Lei do agronegócio**

  Com a Lei n. 13.986, de 7 de abril de 2020 (Brasil, 2020b), a expectativa de diversos analistas do setor rural é que seja promovida uma expansão do crédito privado no setor agropecuário. O destaque dessa lei é a Cédula de Produto Rural (CPR), que é definida como um título de promessa de entrega de produtos rurais. Estão aptos a emitir a CPR os produtores rurais e suas associações e cooperativas. Essa lei ampliou a emissão da CPR também para a agroindústria e criou um cadastro positivo de bom devedor. Além disso, a CPR admitirá outros tipos de garantias para ser emitida, como penhor e bens imobiliários.

  Essas são algumas das principais leis que afetam a economia e, dependendo do objetivo de análise do pesquisador, devem ser integradas na análise de conjuntura.

# Considerações finais

Ao longo desta obra, expusemos uma quantidade expressiva de assuntos, havendo sempre a possibilidade de, para cada um deles, empreender uma discussão mais profunda. No entanto, nossa proposta, neste livro, era oferecer a você, leitor, uma consistente introdução ao tema.

Demonstramos no decorrer dos capítulos que a análise de conjuntura implica a interpretação das estatísticas econômicas, além de formulação adequada de hipóteses de comportamento, sendo observadas corretamente as relações de causa e efeito entre as variáveis. Deve ter ficado claro após a leitura deste material que todas as inferências somente se caracterizam como uma análise de conjuntura quando são sintetizadas e apresentadas.

Se você seguiu cada etapa deste livro, terá dado um grande salto na análise do ambiente sob o ponto de vista econômico. Esperamos que você continue utilizando este escrito como base para se aprofundar nesses assuntos. Aconselhamos recorrer às referências citadas nesta obra como um guia para continuar nessa jornada.

# Lista de siglas

Anatel – Agência Nacional de Telecomunicações
Aneel – Agência Nacional de Energia Elétrica
Anfavea – Associação Nacional de Fabricantes de Veículos Automotores
ANM – Agência Nacional de Mineração
ANP – Agência Nacional de Petróleo, Gás Natural e Biocombusíveis
ANS – Agência Nacional de Saúde
ARV – Acordo de restrição voluntária
B3 – Bolsa de Valores do Brasil
Bacen – Banco Central do Brasil
BC – Balança Comercial
BM&F – Bolsa de Mercadorias e Futuros
BNDES – Banco Nacional do Desenvolvimento
Bovespa – Bolsa de Valores de São Paulo
BP – Balanço de Pagamentos
BR – Balança de Rendas
BS – Balança de Serviços
Caged – Cadastro Geral de Empregados e Desempregados
CCF – Conta Capital e Financeira
CDB – Certificado de Depósito Bancário
CDI – Certificado de Depósito Interbancário

Cetip – Central de Custódia e de Liquidação Financeira de Títulos Privados
CMN – Conselho Monetário Nacional
CNI – Confederação Nacional da Indústria
Copom – Comitê de Política Monetária
CPR – Cédula de Produto Rural
CVM – Comissão de Valores Mobiliários
DI – Depósito Interbancário
ECT – Empresa Brasileira de Correios e Telegráfos
EMBI – *Emerging Markets Bonds Index*
Fecomércio–SP – Federação do Comércio do Estado de São Paulo
FGC – Fundo Garantidor de Crédito
FGTS – Fundo de Garantia do Tempo de Serviço
FGV – Fundação Getulio Vargas
FII – Fundo Imobiliário
Fipe – Fundação Instituto de Pesquisa Econômicas
FMI – Fundo Monetário Internacional
GIS – *Geographic Information System*
HME – Hipótese de Mercado Eficiente
IBGE – Instituto Brasileiro de Geografia e Estatística
IED – Investimento Estrangeiro Direto
IGP-DI – Índice Geral de Preços – Disponibilidade Interna
IGP-M – Índice Geral de Preços – Mercado
INCC – Índice Nacional do Custo de Construção
INPC – Índice Nacional de Preços ao Consumidor
IPA – Índice de Preços no Atacado
IPC – Índice de Preços ao Consumidor
IPCA – Índice Nacional de Preços ao Consumidor Amplo
Ipea – Instituto de Pesquisa Econômica Aplicada
IPI – Imposto sobre Produtos Industrializados

IPO – Inicial Public Offering
LC – Letra de Câmbio
LCA – Letra de Crédito do Agronegócio
LFT – Letras Financeiras do Tesouro
LPA – Lucro por ação
LTN – Letras do Tesouro Nacional
NTN – Notas do Tesouro Nacional
OPS – *On-base plus slugging*
P&D – Pesquisa e desenvolvimento
Petrobras – Petróleo Brasileiro S.A.
PIB – Produto Interno Bruto
PIBcf – Produto Interno Bruto a Custo dos Fatores
PIBpm – Produto Interno Bruto a preços de mercado
PMC – Propensão Marginal a Consumir
PNB – Produto Nacional Bruto
PPC – Paridade de Poder de Compra
RDB – Recibo de Depósito Bancário
RLEE– Renda Líquida Enviada ao Exterior
RVE – Restrição Voluntária à Exportação
Selic – Sistema Especial de Liquidação e Custódia
SFN – Sistema Financeiro Nacional
TC – Saldo de Transações Correntes
TIA – *Trend Impact Analysis*
TJLP – Taxa de Juros de Longo Prazo
TBF – Taxa Básica Financeira
TR – Taxa Referencial
TUC – Transferências Unilaterais Correntes
VBA – *Visual Basic For Applications*
VRI – Variação das Reservas Internacionais
WDI – World Development Indicators

# Referências

AEA – American Economic Association. **JEL Classification System**: EconLit Subject Descriptors. Disponível em: <https://www.aeaweb.org/econlit/jelCodes.php>. Acesso em: 26 jul. 2020.

ALVARENGA, D. PEC 241 é essencial, mas sozinha não garante ajuste, dizem analistas. **G1**, 11 out. 2016. Disponível em: <http://g1.globo.com/economia/noticia/2016/10/pec-do-teto-e-essencial-mas-sozinha-nao-garante-ajuste-dizem-analistas.html>. Acesso em: 29 jul. 2020.

ANDREZO, A.; LIMA, I. **Mercado financeiro**: aspectos históricos e conceituais. 2. ed. São Paulo: Pioneira Thomson Learning, 2002.

ANFAVEA – Associação Nacional de Fabricantes de Veículos Automotores. **Estatísticas**. Disponível em: <http://anfavea.com.br/estatisticas>. Acesso em: 28 jul. de 2020.

ASSAF NETO, A. **Mercado financeiro**. 9. ed. São Paulo: Atlas, 2009.

BACHA, C. J. C.; LIMA, R. A. de S. **Macroeconomia**: teorias e aplicações à economia brasileira. São Paulo: Alínea, 2006.

BB – Banco do Brasil. **BB CDB Estilo**. Disponível em: <https://www.bb.com.br/pbb/pagina-inicial/estilo/produtos-e-servicos/investimentos/investimentos-de-pouco-risco-e-ate-longo-prazo/bb-cdb-estilo#/>. Acesso em: 26 jul. de 2020.

BB – Banco do Brasil. **Tesouro direto 2016**. Disponível em: <https://www.bb.com.br/pbb/pagina-inicial/voce/produtos-e-servicos/investimentos/tesouro-direto#>. Acesso em: 15 nov. 2016.

BCB – Banco Central do Brasil. **Balanço de Pagamentos**. 30 set. 2002. Disponível em: <https://www4.bcb.gov.br/pec/series/port/metadados/mg152p.htm>. Acesso em: 26 jul. 2020.

BCB – Banco Central do Brasil. **Focus**: Relatório de Mercado – 6/12/2019. Brasília, 9 dez. 2019a. Disponível em: <https://www.bcb.gov.br/publicacoes/focus/06122019>. Acesso em: 15 dez. 2019.

BCB – Banco Central do Brasil. **Perguntas frequentes**: expectativas de mercado. Disponível em: <https://www.bcb.gov.br/controleinflacao/faqexpectativa>. Acesso em: 25 jul. 2020a.

BCB – Banco Central do Brasil. **SGS**: Sistema Gerenciador de Séries Temporais. Disponível em: <https://www3.bcb.gov.br/sgspub/localizarseries/localizarSeries.do?method=prepararTelaLocalizarSeries>. Acesso em: 25 jul. 2020b.

BCB – Banco Central do Brasil. **Sistema Financeiro Nacional**. Disponível em: <https://www.bcb.gov.br/acessoinformacao/legado?url=https:%2F%2Fwww.bcb.gov.br%2Fpre%2Fleisedecretos%2Fport%2Fleiscompl.asp>. Acesso em: 25 nov. 2019b.

BELLOQUE, G. G. **Estimativa do prêmio pelo risco país com a aplicação do Modelo AEG**. 86 f. Dissertação (Mestrado em Ciências Contábeis) – Universidade de São Paulo, São Paulo, 2008.

BODIE, Z.; KANE, A.; MARCUS, A. J. **Investimentos**. 6. ed. Porto Alegre: AMGH, 2015.

B3 – Brasil Bolsa Balcão. Disponível em: <http://www.b3.com.br/pt_br>. Acesso em: 27 jul. 2020a.

B3 – Brasil Bolsa Balcão. **CRAs listados**. Disponível em: <http://www.b3.com.br/pt_br/produtos-e-servicos/negociacao/renda-fixa/cra/cras-listados>. Acesso em: 27 jul. 2020b.

BRANSON, W. H. **Macroeconomia**: teoria e política. 2. ed. Lisboa: Fundação Calouste Gulbenkian, 2001.

BRASIL. Controladoria Geral da União. Portal da transparência. Disponível em: <http://www.portaltransparencia.gov.br>. Acesso em: 10 jun. 2020a.

BRASIL. Decreto n. 7.567, de 15 de setembro de 2011. **Diário Oficial da União**, Brasília, 16 set. 2011. Disponível em: <http://www.planalto.gov.br/ccivil_03/_ato2011-2014/2011/decreto/d7567.htm>. Acesso em: 27 jul. 2020.

BRASIL. Decreto n. 7.819, de 3 de outubro de 2012. **Diário Oficial da União**, Brasília, 3 out. 2012a. Disponível em: <http://www.planalto.gov.br/ccivil_03/_ato2011-2014/2012/Decreto/D7819.htm>. Acesso em: 27 jul. 2020.

BRASIL. Departamento Nacional de Produção Mineral. Sumário Mineral / Coordenadores Thiers Muniz Lima, Carlos Augusto Neves. Brasília: DNPM, 2012b. Disponível em: <http://www.dnpm.gov.br/dnpm/sumarios/sumario-mineral-2012>. Acesso em: 27 jul. 2020.

BRASIL. Emenda Constitucional n. 103, de 12 de novembro de 2019. **Diário Oficial da União**, Brasília, 13 nov. 2019a. Disponível em: <http://www.planalto.gov.br/ccivil_03/constituicao/emendas/emc/emc103.htm>. Acesso em: 9 jun. 2020.

BRASIL. Emenda Constitucional n. 95, de 15 de dezembro de 2016. **Diário Oficial da União**, Brasília, 15 dez. 2016. Disponível em: <http://www.planalto.gov.br/ccivil_03/constituicao/Emendas/Emc/emc95.htm> Acesso em: 9 jun. 2020.

BRASIL. Lei n. 13.467, de 13 de julho de 2017. **Diário Oficial da União**, Brasília, 14 jul. 2017. Disponível em: <http://www.planalto.gov.br/ccivil_03/_Ato2015-2018/2017/Lei/L13467.htm>. Acesso em: 9 jun. 2020.

BRASIL. Lei n. 13.847, de 20 de setembro de 2019. **Diário Oficial da União**. Brasília, 20 set. 2019b. Disponível em: <http://www.planalto.gov.br/ccivil_03/_ato2019-2022/2019/lei/L13874.htm>. Acesso em: 9 jun. 2020.

BRASIL. Lei n. 13.986, de 7 de abril de 2020. **Diário Oficial da União**, Brasília, 7 abr. 2020b. Disponível em: <http://www.planalto.gov.br/ccivil_03/_Ato2019-2022/2020/Lei/L13986.htm>. Acesso em: 9 jun. 2020.

BRASIL. Ministério do Trabalho. PDET – Programa de Disseminação das Estatísticas do Trabalho. **CAGED – Cadastro Geral de Empregados e Desempregados.** 2019c. Disponível em: <http://pdet.mte.gov.br/caged?view=default>. Acesso em: 10 jan. 2020.

BRASIL. Siscomex – Sistemas de Comércio Exterior. **Importação.** 2 jan. 2020d. Disponível em: <http://www.siscomex.gov.br/informacoes/importacao>. Acesso em: 26 jun. 2020.

BRASIL. Tesouro Direto. Cálculo da Rentabilidade dos Títulos Públicos Ofertados no Tesouro Direto. Brasília, 2019d. Disponível em: <http://www.tesouro.fazenda.gov.br/documents/10180/258262/C%C3%A1lculo+da+Rentabilidade+dos+T%C3%ADtulos+P%C3%BAblicos+ofertados+via+Tesouro+Direto+-+LFT.pdf/582e2ca6-adab-459b-b841-ef33d4863b3b>. Acesso em: 20 dez. 2019.

BRASIL. Ministério da Economia. Tesouro Nacional. **Mercado Secundário.** Brasília, 2020e. Disponível em: <http://tesouro.fazenda.gov.br/en/mercado-secundario>. Acesso em: 06 de junho de 2020.

CAMARGO, S. Dólar mais alto deixa o brasileiro mais pobre; veja quem ganha e quem perde. **UOL**, 23 set. 2015. Disponível em: <http://economia.uol.com.br/noticias/redacao/2015/09/23/dolar-mais-alto-deixa-o-brasileiro-mais-pobre-veja-quem-ganha-e-quem-perde.htm>. Acesso em: 7 mar. 2020.

COUTINHO, E. S. et al. De Smith a Porter: um ensaio sobre as teorias de comércio exterior. **Revista de Gestão USP**, São Paulo, v. 12, n. 4, p. 101-113, out./dez. 2005. Disponível em: <https://www.revistas.usp.br/rege/article/download/36536/39257>. Acesso em: 6 jun. 2020..

CUÉ, C. E. Os poderes político e econômico se reconciliam na Argentina. **El País**, 14 out. 2016. Disponível em: <http://brasil.elpais.com/brasil/2016/10/13/economia/1476394018_578114.html>. Acesso em: 7 mar. 2020.

DAMODARAN, A. **Gestão estratégica do risco**. 2. ed. Porto Alegre: Bookman, 2009.

DORNBUSCH, R.; FISCHER, S.; STARTZ, R. **Macroeconomia**. 10. ed. São Paulo: McGraw-Hill; Bookman, 2011.

FGV/IBRE – Instituto Brasileiro de Economia da Fundação Getulio Vargas. **Sobre a conjuntura**. Disponível em: <https://portalibre.fgv.br/revista-conjuntura-economica/sobre-a-conjuntura>. Acesso em: 7 mar. 2020.

FORTUNA, E. **Mercado financeiro**: produtos e serviços. 17. ed. Rio de Janeiro: Qualitymark, 2007.

FRANCO, G. H. B.; GIAMBIAGI, F. **Antologia da maldade**: um dicionário de citações, associações ilícitas e ligações perigosas. Rio de Janeiro: Zahar, 2015.

G1 explica a inflação. Disponível em: <http://g1.globo.com/economia/inflacao-efeitos/platb>. Acesso em: 25 maio 2020.

GEOPLATFORM. Disponível em: <https://www.geoplatform.gov>. Acesso em: 10 jun. 2020.

GONÇALVES, R. et al. **A nova economia internacional**: uma perspectiva brasileira. 5.ed. Rio de Janeiro: Campos, 1998.

GREMAUD, A. P. et al. **Manual de economia**. 6. ed. São Paulo: Saraiva, 2011.

GUJARATI, D. N. **Econometria básica**. 4. ed. Rio de Janeiro: Elsevier, 2006.

HAITI e Moçambique são os países mais afetados por ações da natureza. G1, 7 jul. 2010. Disponível em: <http://g1.globo.com/mundo/noticia/2010/07/haiti-e-mocambique-sao-ospaises-mais-ameacados-pela-natureza.html>. Acesso em: 27 jul. 2020.

HEILBRONER, R. **A história do pensamento econômico:** as vidas, épocas e ideias dos maiores pensadores econômicos. São Paulo: Nova Cultural, 1996.

IBGE – Instituto Brasileiro de Geografia e Estatística. **Contas nacionais.** Disponível em: <https://www.ibge.gov.br/estatisticas/economicas/contas-nacionais.html>. Acesso em: 10 jun. 2020a.

IBGE – Instituto Brasileiro de Geografia e Estatística. **Sidra:** Banco de Tabelas Estatísticas. Disponível em: <https://sidra.ibge.gov.br/home/pimpfbr/brasil>. Acesso em: 8 jun. 2020b.

IBGE – Instituto Brasileiro de Geografia e Estatística. **Sistema de contas nacionais:** Brasil – referência 2010. Rio de Janeiro, jan. 2015. Disponível em: <ftp://ftp.ibge.gov.br/Contas_Nacionais/Sistema_de_Contas_Nacionais/Notas_Metodologicas_2010/13_formacao_bruta_capital_fixo.pdf>. Acesso em: 10 jun. 2020.

KEARNEY. The 2019 A.T. **Kearney Foreign Direct Investment Confidence Index.** 2019. Disponível em: <https://www.kearney.com/foreign-direct-investment-confidence-index> Acesso em: 28 jul. 2020.

KERR, R. B. **Mercado financeiro e de capitais.** 7.ed. São Paulo: Pearson, 2011.

KEYNES, J. M. **A teoria geral do emprego, do juro e da moeda.** São Paulo: Atlas, 1996.

KRUGMAN, P. R.; OBSTFELD, M. **Economia internacional**: teoria e política. 6. ed. São Paulo: Pearson Addison Wesley, 2007.

LOPES, J. do C.; ROSSETTI, J. P. **Economia monetária**. 9. ed. São Paulo: Atlas, 2002.

MAIA, J. de M. **Economia internacional e comércio exterior**. 11. ed. São Paulo: Atlas, 2007.

MANKIW, N. G. **Introdução à economia**. 6. ed. São Paulo: Pioneira Thomson Learning, 2009.

MARSH & MCLENNAN COMPANIES. **Political Risk Map**: Rising Geopolitical Tensions. Disponível em: <https://www.marsh.com/us/campaigns/political-risk-map-2019.html>. Acesso em: 18 dez. 2019.

MARTINS, V.; RODRIGUES, L. **O Estado de S. Paulo**, 7 mar. 2016. Disponível em: <https://economia.estadao.com.br/noticias/geral,bndes-reduz-custo-de-financiamentos-para-projetos-de-infraestrutura,10000020046>. Acesso em: 10 jun. 2020.

MASINI, E. B.; VASQUEZ, J. M. Scenarios as seen from a Human and Social Perspective. **Technological Forecasting and Social Change**, v. 65, n. 1, p. 49-66, 2000.

MIETZNER, D.; REGER, G. Advantages and Disadvantages of Scenario Approaches for Strategic Foresight. **International Journal Technology Intelligence and Planning**, v. 1, n. 2, p. 220-239, 2005.

MORAIS, N. M. de et al. Proposição de método para avaliar a maturidade do processo de cenários nas organizações. **RAM: Revista de Administração Mackenzie**, v. 16, n. 2, p. 214-244, 2015.

OLIVEIRA, A. Análise de conjuntura: conceitos e aplicações. **Em debate: periódico de opinião pública e conjuntura política**, ano 6, n. 1, p. 24-35, mar. 2014. Disponível em: <http://bibliotecadigital.tse.jus.br/xmlui/bitstream/handle/bdtse/1999/2014_em_debate_a6_n1?sequence=1&isAllowed=y>. Acesso em: 9 jun. 2020.

OLIVEIRA, A. B. S. A Análise de conjuntura: mapeamento de construção de cenários em relações internacionais no Brasil. **Revista Perspectiva**, v. 11, n. 21, 2018.

PARKIN, M. **Macroeconomia**. 5. ed. São Paulo: Addison Wesley, 2003.

PAULANI, L. M.; BRAGA, M. B. **A nova contabilidade social**. 4. ed. São Paulo: Saraiva, 2012.

PORTAL DO INVESTIDOR. **Debêntures**. Disponível em: <https://www.investidor.gov.br/menu/Menu_Investidor/valores_mobiliarios/debenture.html>. Acesso em: 7 mar. 2020a.

PORTAL DO INVESTIDOR. **O que é uma ação?** Disponível em: <https://www.investidor.gov.br/menu/Menu_Investidor/valores_mobiliarios/Acoes/o_que_e_uma_acao.html>. Acesso em: 7 mar. 2020b.

PORTAL DO INVESTIDOR. **Quanto vale uma ação?** Disponível em: <https://www.investidor.gov.br/menu/Menu_Investidor/valores_mobiliarios/Acoes/quanto_vale_uma_acao.html>. Acesso em: 7 mar. 2020c.

PRADO, M. A. R. **Cenários da conjuntura e perspectivas das coautorias em artigos científicos no grupo geopolítico dos países BRICS**. 322 f. Tese (Doutorado em Ciência da Informação) – Universidade Estadual Paulista, Marília, 2019. Disponível em: <https://www.marilia.unesp.br/Home/Pos-Graduacao/CienciadaInformacao/Dissertacoes/prado_mar_me_mar.pdf>. Acesso em: 10 jun. 2020.

RIO DE JANEIRO. Governo Aberto RJ. Disponível em: <http://www.governoaberto.rj.gov.br>. Acesso em: 10 jun. 2020.

SÃO PAULO. Governo Aberto SP. Disponível em: <https://www.governoaberto.sp.gov.br>. Acesso em: 10 jun. 2020.

SERASA EXPERIAN. **Indicadores econômicos**: falências requeridas. São Paulo, abr. 2020 Disponível em: <https://www.serasaexperian.com.br/amplie-seus-conhecimentos/indicadores-economicos>. Acesso em: 08 de jun. de 2020.

SERASA EXPERIAN. **Recuperações judiciais caem 0,8% em 2018, ainda influenciadas pela lenta recuperação da economia, revela Serasa**. São Paulo, 14 jan. 2019. Disponível em: <https://www.serasaexperian.com.br/sala-de-imprensa/recuperacoes-judiciais-caem-08-em-2018-ainda-influenciadas-pela-lenta-recuperacao-da-economia-revela-serasa>. Acesso em: 08 de jun. de 2020.

SIMONSEN, M. H.; CYSNE, R. P. **Macroeconomia**. São Paulo: Atlas, 1985.

SMITH, A. A riqueza das nações: investigação sobre sua natureza e suas causas. 2. ed. São Paulo: Nova Cultural, 1985.

STATA. Disponível em: <https://www.stata.com>. Acesso em: 10 jun. 2020.

STIGLITZ, J.; WALSH, C. **Introdução à macroeconomia**. Rio de Janeiro: Campus, 2003.

TRADING VIEW. Disponível em <https://br.tradingview.com/chart>. Acesso em: 27 dez. 2019.

UFU – Universidade Federal de Uberlândia. **Edital SEI/Progep 275.2018**: concurso público para técnico-administrativo em educação – técnico em estatística. Concurso público.

VIGEN, T. (Org.). **Spurious Correlations**. Disponível em: <http://www.tylervigen.com/spurious-correlations>. Acesso em: 23 jul. 2020.

WRIGHT, J. T. C.; SILVA, A. T. B.; SPERS, R. G. Prospecção de cenários: uma abordagem plural para o futuro do Brasil em 2020. **Revista Ibero Americana de Estratégia**, v. 9, n. 1, p. 56-76, 2010.

WRIGHT, J. T. C.; SPERS, R. G. O país no futuro: aspectos metodológicos e cenários. **Estudos Avançados**, v. 20, n. 56, p. 13-28, 2006.

# Respostas

## Capítulo 1

### Questões para revisão

1. c

    A escassez é o problema fundamental da economia, porque dada a necessidade ilimitada do ser humano o que se deve fazer é, da melhor forma possível, alocar os escassos recursos no intento de suprir da melhor forma possível as necessidades humanas.

2. e

    A atividade de planejamento por meio de cenários se relaciona com a busca de uma visão de futuro por parte de pessoas e empresas, e tem como objetivo auxiliar a tomada de decisão em um ambiente crescentemente complexo.

3. c
   Metodologicamente, a análise necessita passar por três fases:
   1. descrição dos atores e das variáveis;
   2. interpretação e análise da situação;
   3. síntese das inferências encontradas.

   A extrapolação dos futuros possíveis é o objetivo da análise de cenários, não sendo, portanto, um dos objetivos principais da análise de conjuntura. Sobre a alternativa e, não está errada a descrição das variáveis econômicas, mas a análise de conjuntura vai além disso, analisando todas as diferentes variáveis envolvidas.
4. A ciência econômica é um dos ramos das ciências sociais. Todas as ciências sociais, de maneira direta ou indireta, buscam entender os fenômenos sociais e cada uma delas constrói suas teorias e seus métodos. Uma análise de conjuntura bem executada une diversos especialistas e cada um oferece respostas para questões relacionadas à área em que é perito. Portanto, a ciência econômica terá o papel dentro da análise de conjuntura de observar as variáveis relacionadas com o comportamento monetário de indivíduos, governos e empresas.
5. A economia é uma ciência que consiste na análise da produção, distribuição e consumo de bens e serviços. É também a ciência social que estuda a atividade econômica, por meio de aplicação da teoria econômica, tendo na gestão sua aplicabilidade prática. Os modelos e técnicas atualmente usados em economia evoluíram da economia política do final do século XIX, derivados da vontade de usar métodos mais empíricos

à semelhança das ciências. A economia é, geralmente, dividida em dois grandes ramos: a microeconomia, que estuda os comportamentos individuais; e a macroeconomia, que estuda o resultado agregado dos vários comportamentos individuais. Há também os ramos de economia regional e urbana, que analisam a dinâmica de regiões, estados e cidades. Atualmente, a economia aplica seu corpo de conhecimento à análise e gestão dos mais variados tipos de organizações humanas (entidades públicas, empresas privadas, cooperativas etc.) e domínios (internacional, finanças, desenvolvimento dos países, ambiente, mercado de trabalho, cultura, agricultura etc.).

## Capítulo 2
### Questões para revisão
1. c
   Devemos fazer duas multiplicações aqui. A primeira:
   150 × 10% (inflação) = 165; a segunda: 165 × 6% (rendimento prometido) = 174,9.
   174,9 / 150 = 16,6% de rendimento nominal ao final do período.
2. e
   O aumento das exportações impacta positivamente no saldo da balança comercial; a diminuição das importações de manufaturas aumenta o saldo da conta comercial; e, por fim, o recebimento, e não o envio, aumenta o saldo da balança de serviços. Doações, contratação de seguros e turismo no estrangeiro impactam negativamente.

3. c

   Nessa questão, há a definição utilizada pelo Bacen do item Serviços financeiros, que compreende os serviços bancários. Anteriormente esse quesito entrava no item Serviços diversos, mas após uma atualização metodológica, há agora o item específico para isso.

4. Pode-se caracterizar a fronteira de possibilidade de produção como uma curva que descreve todas as possibilidades de produção máxima de dois ou mais produtos, dado um conjunto de recursos existentes (insumos e tecnologia).

   Na empresa, a fronteira de possibilidade de produção expressa a própria capacidade instalada e, na economia, representa o PIB potencial de pleno emprego.

   Pontos dentro da fronteira de possibilidade de produção representam combinações atingíveis de saída, isto é, situações possíveis de serem alcançadas dados os recursos e tecnologia disponíveis. Pontos que estão na fronteira de possibilidade de produção são considerados eficientes porque a economia está usando os fatores disponíveis de produção no seu potencial máximo – não existe nenhuma maneira de produzir mais de um produto sem produzir menos de outro. Pontos dentro da curva são considerados ineficientes, pois a economia está produzindo menos do que possivelmente pode, em virtude dos recursos disponíveis, indicando possivelmente o subemprego de um fator importante de produção (tal como alto desemprego com a força de trabalho).

5. A inflação consiste no aumento generalizado dos preços. Portanto, o aumento de preços de certos produtos ou somente de uma linha não pode ser chamado de inflação. Por exemplo,

uma situação em que o valor do leite aumenta e causa um aumento em todos os derivados desse produto, como manteiga e iogurte, não pode ser considerada, pois não é um aumento generalizado.

A teoria keynesiana mostrou que há na economia certa rigidez de preços e salários, sendo esses os principais motivos que fazem a inflação afetar os salários. Alterações de preços impactam na economia uma vez que leva certo tempo para que os preços sejam alterados. Um dos geradores de rigidez de salários é a presença de contratos nas relações trabalhistas, pois a partir de certo nível de inflação, torna-se difícil alterar os salários na mesma velocidade. Invariavelmente, atrasos no reajuste geram perdas salariais.

## Capítulo 3

### Questões para revisão

1. A entrada em um novo mercado envolve a adaptação do produto para as normas vigentes no país, como fiscalização sanitária e regras tarifárias, entre outras. Além disso, deve-se buscar informação sobre a demanda total do novo mercado, renda média da população e a capacidade de produção da empresa. A oferta de um produto com vantagem competitiva é uma vantagem e oferece uma melhor perspectiva de sucesso, pois produtos amplamente ofertados dificultam o ganho de espaço no mercado. Por exemplo, a venda de um produto à base de açaí da Amazônia é mais fácil do que o lançamento de um novo celular em um mercado mundialmente concorrido.

2. A pauta de exportação e importação entre Argentina e Brasil envolve uma ampla gama de produtos, desde produtos alimentícios até veículos e produtos de alto valor agregado. Esses produtos comercializados representam parte significante da renda do setor exportador.

    Embora a formação de blocos regionais tenha como principal objetivo a obtenção de maior escala de produção e ampliação do mercado consumidor, na prática, a integração regional — dependendo de sua profundidade – pode até tornar mais difícil uma política industrial. Na integração, o preço dessa ampliação do mercado consumidor pode significar uma perda de liberdade de governos nacionais com relação a políticas industriais. A adoção de uma tarifa externa comum torna muito mais complexa a missão de utilização da política de comércio exterior como componente básico de política industrial e de política econômica externa, para, por exemplo, atrair capitais e tecnologia.

3. d

    Uma desvalorização do câmbio indica que a quantidade de dólares no mercado interno diminuiu, tornando a moeda americana mais valorizada. A moeda americana mais valorizada e a nacional mais desvalorizada indica que compra de produtos ou o consumo no exterior ficará mais caro. Setores importadores e de varejo que trabalham com produtos importados serão os mais afetados. O setor exportador será beneficiado, pois os produtos desse setor no exterior ficarão mais baratos e, portanto, terão uma maior demanda

4. c

A contribuição de David Ricardo às teorias de comércio internacional mostra que países que aderem a esse tipo de comércio apresentam ganhos de competitividade. Um mercado mais aberto ao comércio internacional tende à especialização das empresas e da mão de obra. Empresas nacionais geralmente apresentam se mostram contrárias à abertura comercial, pois podem perder parte do mercado para empresas estrangeiras. Portanto, nesse caso, mercados abertos dificultam a criação de monopólios.

5. a

A opção **a** refere-se à definição de barreira tarifária, lembrando que ela é um subconjunto de uma barreira alfandegária.

A opção **b** trata-se da definição de subsídio. A opção **c** refere-se à definição de medidas de salvaguarda. A opção **d** é a definição de quotas de importação. A opção **e** trata da prática de *dumping*.

## Capítulo 4

### Questões para revisão

1. A taxa Selic é também conhecida como *taxa básica de juros* e serve de referência para a economia brasileira. Ela é usada nos empréstimos feitos entre os bancos e também nas aplicações feitas por essas instituições bancárias em títulos públicos federais.

É definida pelo Bacen como a taxa média ajustada dos financiamentos diários apurados no Sistema Especial de Liquidação e de Custódia (Selic) para títulos federais.

A Selic é definida a cada 45 dias pelo Copom.

Custos de *funding* podem ser compreendidos como os custos para captação de recursos financeiros pelos tomadores de empréstimo e pelos investidores em projetos – habitacionais, infraestrutura, industriais, entre outros. Há dois benefícios com a redução da taxa Selic segundo o texto: primeiro, novas captações de recursos terão menores juros; segundo, os empréstimos pós-fixados também terão os custos reduzidos, melhorando a situação financeira dos tomadores de empréstimo.

2. e

As debêntures são emitidas por sociedades anônimas de capital aberto ou fechado e utilizadas para financiar projetos ou reestruturar dívidas da empresa, tendo como vantagens, na captação de recursos, a diminuição do custo médio do financiamento de projetos, o alongamento e a adequação da captação dos recursos para a necessidade das empresas e a diminuição significativa das garantias utilizadas.

Dessa forma, uma companhia em vez de tomar um empréstimo com o banco, pode realizar uma emissão de debêntures para captar recursos e aplicar em projetos que, por exemplo, aumentarão a sua capacidade produtiva ou permitirão a sua entrada em um novo segmento de negócios.

3. d

Ações são valores mobiliários emitidos por sociedades anônimas e representam uma parcela do capital social dessa empresa. Em outras palavras, são títulos de propriedade que conferem a seus detentores (investidores) a participação na sociedade da empresa, e nesse caso, nos lucros. As ações são emitidas por empresas que desejam principalmente captar recursos para desenvolver projetos que viabilizem o próprio crescimento.

O primeiro lançamento de ações no mercado é chamado de *oferta pública inicial* e integra o mercado primário. Após a abertura de capital e a oferta inicial, as ações são negociadas na bolsa de valores, no chamado *mercado secundário*. O mercado de ações é um mercado arriscado, que depende de investimentos bem-analisados.

4. a

   Uma forma de ganho é quando o investidor compra uma ação de uma companhia aberta, torna-se acionista e participa do lucro dessa companhia por meio do recebimento de dividendos e de bonificações. Outra forma de ganho com ações é, caso haja valorização, vendê-las no mercado secundário.

   Não é necessário ter um grande volume para investir nesse mercado, pode-se iniciar com um pequeno montante. E por fim, o mercado de ações permite auferir lucros mesmo com o mercado em queda, utilizando alguns mecanismos para que seja possível entrar no mercado como "vendido".

5. Para a Petrobras, a tendência para os preços das ações no médio prazo permanece em queda. Do ponto de vista técnico, esse cenário fica evidente pela formação de topos e fundos para os preços da empresa cada vez em patamares mais baixos no gráfico diário, pelas médias móveis apontando para baixo e pelo volume financeiro maior apresentado nos dias de queda, o que demonstra a aposta de grandes investidores na desvalorização da ação conforme pode ser observado pelo Indicador de Força Relativa (IFR). Pelo fato de os preços não se encontrarem próximos nem de zonas de pressão compradora (suportes) nem de predominância vendedora (resistências), a perspectiva de curto prazo para a cotação da ação é neutra.

# Capítulo 5

## Questões para revisão

1. a

   Os riscos contínuos são aqueles que podem afetar a empresa em qualquer momento, e que se distribuem de maneira praticamente uniforme no tempo. Por exemplo, uma desvalorização de maneira abrupta do câmbio e que afetará uma empresa que depende de importações de produtos.

2. b

   Fonte primária de informação é aquela que o pesquisador obteve diretamente, isto é, por meio de entrevistas, formulários e experimentos. Uma base de dados secundária é aquela produzida e compilada por institutos de pesquisa. Os dados obtidos de outras maneiras não entram nessa classificação.

3. b

   Primeiro, deve-se calcular a média das 15 observações. O resultado será: $X_m = 60/15 = 4$. Depois, faz-se o cálculo $\sum (x_i - \text{Média})^2 / n$, por meio do qual se obtém o valor de $\sigma^2 = 5{,}73$. Tirando a raiz, chegamos ao valor do desvio-padrão $\sigma = 2{,}39$.

4. d

   Pode-se traçar uma reta de tendência pela média dos valores, observando, assim, sua inclinação dessa reta. Dada reta representada por $y = ax + b$, sendo **a** o valor que indica a inclinação da reta ou coeficiente angular. Usualmente, quando há uma correlação linear positiva, isto é, as variáveis crescem na mesma direção, o coeficiente angular também é positivo. Por outro lado, quando se tem uma correlação linear negativa, isto é, as variáveis crescem em direções opostas, o coeficiente angular é negativo. Uma forma simples de medir o coeficiente angular é usando a = ΔY/ΔX (variação de Y sobre variação de X). Observando o gráfico, provavelmente o coeficiente angular é –0,5.

5. A análise de regressão tem por objetivo descrever, por meio de um modelo matemático, a relação entre duas variáveis, partindo de diversas observações sobre elas. Nesse sentido, a variável sobre a qual se pretende fazer uma estimativa recebe o nome de *variável dependente*, ao passo que as variáveis que explicam a primeira são conhecidas como *variáveis independentes*. A análise de regressão informa, por meio de estimações estatísticas, o quanto de uma variação da variável dependente é explicada, em média, por uma variação das variáveis independentes.

## Capítulo 6
### Questões para revisão

1. a

De fato, a produção de veículos a partir de janeiro de 2016 começou a estabilizar e apresentar uma leve alta. Antes disso, houve uma queda brusca de veículos em janeiro de 2015. Verifica-se também um comportamento sazonal; por exemplo, nos meses de abril sempre há uma queda no número de licenciamentos, e nos meses de janeiro, há um deslocamento da produção e do licenciamento.

2. As exportações totais apresentam uma tendência de alta, saltando de 215 bilhões para 238 bilhões no período, apesar da leve queda em 2015. Da mesma forma, as importações totais passaram de 205 bilhões para 250 bilhões, uma diferença de 45 bilhões no período. Como as importações cresceram mais do que as exportações, a balança comercial apresentou em 2015 saldo negativo de 12 bilhões.

As exportações para o país Y apresentaram oscilações, mas com uma leve tendência de alta. Já as importações mostraram uma alta substancial, saltando de 25 bilhões para 49 bilhões. Por consequência, o saldo da balança comercial apresentou resultados negativos em 2015.

3. a

Os requerimentos de falências de junho a setembro de 2016, considerando micro, pequenas, médias e grandes empresas foi de 731. No mesmo período de 2015, esse número foi de 687. Mas quando observamos mês a mês, há épocas com números mais elevados em 2015 do que em 2016, invalidando, portanto, as opções **b** e **c**. Por fim, boa parte do aumento foi puxado pelas altas nos números de falências das micro e pequenas empresas.

4. c

De fato, o sistema de saúde brasileiro tem um grande desafio, além de tentar ser um sistema amplo que atenda a todos os usuários, também deseja incluir serviços de alta complexidade, e, portanto, de alto custo. Um teto dos gastos deve sim afetar como o governo irá alocar os recursos. Entretanto, a assertiva II, apesar de ser correta, pouco tem a ver com a assertiva I.

Um controle dos gastos colocará as contas em ordem, mas não justifica o desafio da saúde.

5. A forma de começar a obter as probabilidades para as variáveis econômicas é seguindo algumas etapas: dados históricos – com a busca de dados históricos das variáveis é possível criar distribuições, assim, quanto maior o período para observado, mais confiáveis elas se tornam; uso de *proxy* – muitas vezes o analista não tem os dados de que precisa e pode solucionar o caso utilizando uma variável próxima, ou seja, uma *proxy*; por fim, observar as correlações – antes de entregar a análise de cenário, é importante verificar as correlações entre as variáveis, isto é, como é a relação câmbio e inflação, ou inflação e desemprego.

## Sobre o autor

**Joaquim Israel Ribas Pereira** é economista, doutor pelo Programa de Pós-Graduação em Desenvolvimento Econômico da Universidade Federal do Paraná (PPGDE-UFPR – 2017) – conceito 6 pela Coordenação de Aperfeiçoamento de Pessoal de Nível Superior (Capes), mestre em Desenvolvimento Econômico (PPGDE-UFPR – 2013) e graduado em Ciências Econômicas (UFPR – 2010). Durante o mestrado foi bolsista do Instituto Nacional de Estudos e Pesquisas Educacionais Anísio Teixeira (INEP), pesquisando na área de avaliação de políticas públicas educacionais no ensino superior. Durante o doutorado, avaliou a relação de longo prazo entre crescimento econômico e infraestrutura. Já palestrou sobre esses temas em Portugal e na França.

Os papéis utilizados neste livro, certificados por instituições ambientais competentes, são recicláveis, provenientes de fontes renováveis e, portanto, um meio responsável e natural de informação e conhecimento.

**FSC**
www.fsc.org
**MISTO**
Papel | Apoiando
o manejo florestal
responsável
**FSC® C103535**

Impressão: Reproset
Agosto/2023

# Sobre o autor

**Joaquim Israel Ribas Pereira** é economista, doutor pelo Programa de Pós-Graduação em Desenvolvimento Econômico da Universidade Federal do Paraná (PPGDE-UFPR – 2017) – conceito 6 pela Coordenação de Aperfeiçoamento de Pessoal de Nível Superior (Capes), mestre em Desenvolvimento Econômico (PPGDE-UFPR – 2013) e graduado em Ciências Econômicas (UFPR – 2010). Durante o mestrado foi bolsista do Instituto Nacional de Estudos e Pesquisas Educacionais Anísio Teixeira (INEP), pesquisando na área de avaliação de políticas públicas educacionais no ensino superior. Durante o doutorado, avaliou a relação de longo prazo entre crescimento econômico e infraestrutura. Já palestrou sobre esses temas em Portugal e na França.